5일 완성
니팅쌤 코바늘

손뜨개가 처음인 당신을 위한

5일 완성

니팅쌤 코바늘

니팅쌤 신은영 지음

시원
북스

니팅쌤 손뜨개 수업을 시작하기 전에

1. 이 책은 코바늘을 처음 시작하는 초보, 예비 뜨개인을 위해 니팅쌤이 만든 손 뜨개 기본서입니다. 책 한 권으로 코바늘 기초부터 입문, 기본 연습과 다양한 작품 제작까지 모두 가능하도록 자세하고 풍성하게 구성하였습니다.

   • 코바늘 초보를 위한 기본서 기초부터 연습, 작품 제작까지 체계적이고 풍성한 구성

2. 코바늘 연습과 작품 제작을 더욱 쉽고 편하게 도와드리기 위해 서술형 도안과 그림 도안을 함께 수록하고, 작품 제작 과정 사진과 작품 완성 사진, 제작 과 정을 확인하실 수 있는 영상 QR 코드를 함께 수록했습니다.

   • 서술형 도안+기호 도안+작품 제작 과정 사진+작품 제작 영상 QR

3. 책 속 도안은 정확한 도안을 제공하기 위해 여러 차례 확인 과정을 거쳤습니 다. 그럼에도 만에 하나 도안 수정이 필요한 경우 정오표를 아래 채널에서 공 유드릴 예정입니다. 정오표 유무와 내용을 확인하면 더욱 편리하게 이 책을 활용할 수 있습니다.

   • 도안 정오표 업로드 시 공유 채널

   시원북스 🏠 siwonbooks.com   니팅쌤 📷 knitting_ssem
   작품 도안 관련해 추가로 궁금하신 내용은 시원북스 이메일로 문의해주세요.
   시원북스 ✉ siwonbooks@siwonschool.com

4. 손뜨개 서술 도안에서 오른손과 왼손 중 기준은 니팅쌤이 오른손잡이라서 '오 른손'으로 정하였습니다. 왼손잡이이신 분들은 반대로 하셔야 하는데 조금 불 편하실 수 있어서 양해를 부탁드립니다.

5. 인스타그램과 유튜브에 여러분의 손뜨개 작품을 올리고 아래 해시태그를 붙 이면 '니팅쌤'이 찾아갑니다!

   #니팅쌤 #니팅쌤코바늘

—————————————— 님,

오늘부터 니팅쌤과 함께
뜨개 해요!

니팅쌤 손뜨개 작품

뜨개는 일상에서 쓸 수 있는 점도 좋지만 내가 직접 만든,
세상에서 단 하나뿐인 소중한 물건, 멋진 작품이 되어서 더 좋습니다.
이 책을 보고 니팅쌤의 손뜨개 작품을 직접 만들어보세요.
예쁘게 사진도 찍어서 간직하고 공유해보세요!

벚꽃 수세미 127p

리트위스트 빅백 131p

스트라이프 핸드폰 가방(블랙) 101p
네트 핸드폰 가방(주황 & 파랑) 107p

스트라이프 핸드폰 가방(블랙) 101p
네트 핸드폰 가방(주황) 107p

미니 숄더백 95p

세로 스트라이프 빅백 137p

원형 티슈 케이스 89p
사각 티슈 케이스 91p

인테리어 선인장 쿠션 121p

블루투스 이어폰 파우치 116p

니팅쌤 클래스101 수업 작품

2023 고양시 수공예경진대회 수상 작품

손뜨개를 시작하면
마법 같은 일들이 일어납니다!

뜨개 강사로 일하면서 처음 만나는 수강생 분들께 가장 많이 듣는 질문이 있습니다.

"제가 뜨개를 한 번도 해본 적이 없는데 잘할 수 있을까요?"

그럼 저는 이렇게 말씀드려요.

"그럼요! 하고 싶은 마음과 관심만 있다면 누구나 할 수 있어요."

뜨개는 실과 바늘만 있다면 누구나 할 수 있는 편안하고 자유롭고 신기한 취미입니다.

뜨개를 처음 시작하면 두 손이 내 마음대로 움직이지 않고 실도 엉키고 바늘도 떨어뜨리지만 10분 뒤면 모두 기본적인 사슬뜨기를 자연스럽게 뜨게 된다는 사실에 신기해합니다.

첫 수업이 끝나는 2시간 뒤면 원래 뜨개를 했던 분들처럼 더 자연스럽게 예쁘게 뜨려고 노력하는 모습에 제가 다 뿌듯해져요.

혼자서 또는 여럿이 함께 뜨개

뜨개는 하루, 이틀, 일주일, 한 달… 연습한 만큼 정직하게 실력이 쌓입니다.

이미 만들어진 물건을 사기보다 내 손으로 직접 무언가를 만들어보고 싶나요?

소중한 사람에게 마음을 듬뿍 담은 선물을 하고 싶나요?

혼자서 조용히 또는 여럿이서 함께 뭔가를 해보고 싶나요?

어른이 되면 손으로 뭔가를 만들어볼 일이 거의 없어지면서 원래 손이 할 수 있는 예술 활동을 할 기회도 사라집니다.

여러분의 손을 뜨개와 함께 움직여보세요.

상상하지도 못한 마법 같은 일들이 여러분의 손 끝에서 일어날 거예요.

바늘과 실만 있으면 할 수 있어요. 저와 함께 이 책을 통해 시작해보세요.

이 책을 더욱 효과적으로 사용하는 방법

이 책에서 저는 뜨개를 처음 시작하는 여러분을 위해 누구나 쉽게 이 책을 보고 뜨개를 배우고 다양한 작품을 만들어볼 수 있도록 단계별 내용과 자세한 설명을 함께 담았어요.

특히 요즘에는 유튜브를 보면서 뜨개를 하다 보면 영상이 없이 도안만 보고 뜨지 못하는 경우가 있어요.

그래서 가능하면 뜨개 도안을 보는 법을 배우는 것이 중요해서 처음에는 뜨개 기호와 도안 보는 법을 자세히 알려드리려고 해요.

그리고 뜨개 기법 학습과 작품마다 기호 도안과 서술형 도안 두 가지를 모두 수록했습니다.

뿐만 아니라 뜨개 과정 사진과 영상(QR 코드)까지 제공해서 뜨개를 하다가 막힐 때 영상을 보고 참고하실 수 있도록 했어요.

뜨개를 하다 보면 수학처럼 공식대로 해야 할 것 같지만 더 깊이 들어가면 정확한 답이 있지 않다는 것을 느낄 수 있는데 그것이 바로 뜨개의 가장 큰 장점입니다.

예를 들어, 매직링을 만드는 방법은 한 가지가 아니라 여러 가지가 있어요.

그런데 한 번에 여러 기법을 설명하면 뜨개를 이제 막 시작한 초보 분들은 어려워할 수도 있어서 제 생각과 경험에서 가장 추천하는 방법을 정확하게 설명하기 위해 노력했습니다.

한 가지 방법을 정확하고 익숙하게 뜰 수 있다면 다른 방법도 정말 쉽게 배울 수 있거든요

5일 완성 기초 과정인 Part 1에서 Day 1에서 Day 5까지 한 번씩 해본다면 방법을 터득할 수 있을 거예요.

참고로 조금 더 할 수 있다면 티코스터, 미니공, 그래니스퀘어 만들기는 최소한 2개 이상은 완성을 해봤으면 합니다.

그렇게 하면 다음 작품을 시작할 때 훨씬 빠르고 재밌게 즐길 수 있기 때문이에요.

기초 과정에서 배운 기법을 응용해서 작품을 만드는 Part 2에서는 다양한 소품과 가방 13개를 만들 수 있도록 안내합니다. 1번부터 13번까지 순서대로 난이도가 올라가지만 할 수 있다면 원하는 작품을 골라서 도전해보세요.

저는 손으로 하는 모든 것을 좋아하지만 뜨개만큼 오래 깊이 배운 것은 없었습니다.

자기 자신을 위해, 사랑하는 가족과 친구, 고마운 사람들을 위해 뜨개를 해보세요.

하면 할수록 더 재밌는 뜨개를 저와 함께 더 많은 분들이 함께하길 바라는 마음을 담아 이 책을 만들었습니다.

뜨개를 시작하고 뜨개의 매력에 빠질 분들께 기억에 남는 니팅쌤이고 싶습니다.

2024년 3월
니팅쌤 신은영 씀

Contents

Part 2

손뜨개 응용 작품 만들기 & 작품 도안

와인 캐리어
085

원형 티슈 케이스
089

사각 티슈 케이스
091

미니 숄더백
095

스트라이프 핸드폰 가방
101

네트 핸드폰 가방
107

테블릿 파우치
111

블루투스 이어폰 파우치
116

인테리어 선인장 쿠션
121

벚꽃 수세미
127

리트위스트 빅백
131

세로 스트라이프 빅백
137

지그재그 버킷백
143

에필로그 **148**

 # 손뜨개 준비물과 기초 지식

1. 이 책을 위한 손뜨개 기본 준비물

코바늘 연습을 위해 필요한 기본 준비물입니다. 이 책에서 기초 5일 연습 과정에 필요해요.

코바늘 뜨기는 '코바늘'과 '실'만 있으면 할 수 있다는 것이 가장 큰 장점입니다.
사슬뜨기, 짧은뜨기, 한길긴뜨기, 빼뜨기, 기본 4가지 방법만 익히면 나머지는 응용해서 뜰 수 있어요.

2. 준비물 소개

1) 뜨개실

실에는 여러 가지 형태와 소재가 있습니다.

초보가 사용하기 좋은 실은 종류와 색상이 다양한 스트레이트얀과 코튼실을 추천합니다.

굵기가 일정하지 않은 실(트위드, 모헤어, 슬라브얀)은 초보에게는 코를 보기가 어렵습니다.

울, 린넨 고급 소재는 중급 정도의 실력일 때 사용하면 좋습니다.

기초 수업에서는 사계절용으로 내구성이 좋고 세탁도 쉬운 면사를 많이 사용합니다.

2) 코바늘

기본적으로 사용하는 코바늘은 갈고리 모양의 모사(털실)용 뜨개 바늘이고 모사용 코바늘로 2/0~10/0호까지 있습니다.

호수가 클수록 바늘이 굵어지며 실에 맞춰 굵기를 정합니다.

모사용 코바늘 호수와 굵기

바늘 호수	바늘 굵기
2/0	
4/0	2.5mm
5/0	3.0mm
6/0	3.5mm
	4.0mm
7.5/0	4.5mm
8/0	5.0mm
9/0	5.5mm
10/0	6.0mm

ㅡ 기초용으로 가장 많이 사용!

Part 1 코바늘 기초 기법에서는 모사용 코바늘 6/0(3.5mm) 호수를 사용합니다.

Part 2 손뜨개 작품 만들기에서는 모사용 코바늘 5/0(3.0mm) 호수와 6/0(3.5mm) 호수를 사용하고 왕(점보)코바늘 10mm도 사용했습니다.

① 실 라벨 보는 법

실의 라벨은 뜨개 할 때 필요한 정보가 적혀 있습니다.

Cotton 60% Acrylic 40%	실의 소재를 표기합니다.
100g ±5	실 한 볼의 무게를 보여줍니다.
코바늘 6/0~7/0	실에 맞는 코바늘의 호수입니다.
대바늘 4.5mm~5.5mm	실에 맞는 대바늘의 호수입니다.

* 대바늘 : 대나무로 만든, 끝이 곧고 뾰족한 뜨개 바늘.

② 실 끝 빼내는 법

실타래 속에서 중심을 빼내는 방법, 실타래 겉 쪽에서 사용하는 방법 중 편한 방법으로 뜹니다.

실 끝 빼내는 예시

→ 실타래 속에서 빼내는 법

→ 실타래 겉에서 빼내는 법

3) 돗바늘

편물을 연결하거나 실을 숨길 때 사용합니다.

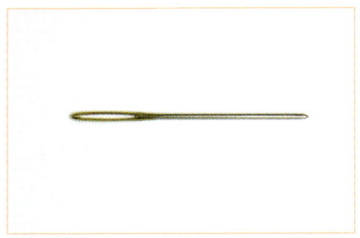

4) 단수링 (스티치마커)

코수, 단수를 표시할 때 사용합니다.

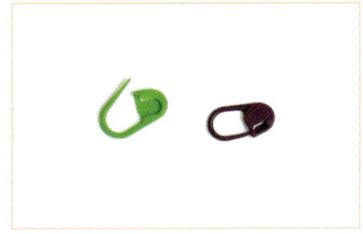

5) 가위

실을 자를 때 사용하며, 너무 크지 않은 적당한 크기의 가위를 추천드려요.

6) 줄자

작품 치수를 재는 데 필요합니다.

7) 스팀 다리미

편물의 모양을 잡을 때 사용합니다.

3. 코바늘 기호

사슬뜨기	O	짧은뜨기 2코 늘여뜨기	
빼뜨기	●	한길긴뜨기 2코 늘여뜨기	
짧은뜨기	X	한길긴뜨기 3코 넣어뜨기	
이랑뜨기	X	한길긴뜨기 2코 모아뜨기	
긴뜨기	T	한길긴뜨기 3코 모아뜨기	
한길긴뜨기	F	한길긴뜨기 5코 구슬뜨기	

3 2 1
기둥코
사슬뜨기 1코

시작코

3 2 1
기둥코
사슬뜨기 3코

시작코

모든 뜨개에 시작코는 사슬코와 기둥코가 있습니다.
시작코를 뜬 후 뜨개코를 뜨기 위해서는 기둥코가 필요합니다.
짧은뜨기의 기둥코는 사슬뜨기 1코이고, 크기가 작아서 코를 세지 않습니다.
한길긴뜨기의 기둥코는 사슬뜨기 3코이고, 1코로 셉니다.

4. 도안 보는 법

도안은 **평면뜨기**와 **원형뜨기**, **원통뜨기** 3가지로 크게 나눌 수 있습니다.

평면뜨기는 뜨개 편물을 돌려가며 겉면과 안면을 번갈아 뜨는 방법입니다.

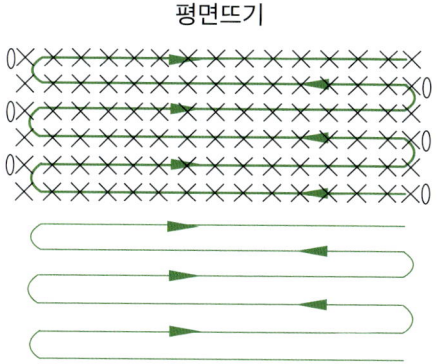

평면뜨기

원형뜨기는 뜨개 편물의 앞면을 보고 중심부터 시작하여 시계 반대 방향으로 뜨는 방법입니다.

원통뜨기는 오른쪽에서 왼쪽으로 원통 모양으로 뜨는 방법을 말합니다.
기둥코로 시작하여 오른쪽에서 왼쪽으로 뜨개 기호를 뜨고, 빼뜨기로 단을 마무리합니다.
원통뜨기에는 빼뜨기 없이 회오리처럼 뜨는 방법도 있습니다.

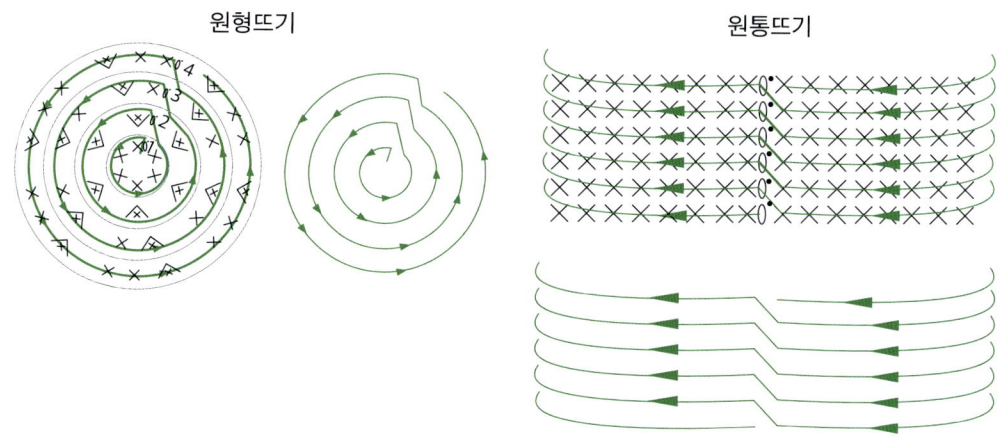

원형뜨기　　　　　　　　　　　　　　　　원통뜨기

Part

1

—

5일 완성!
코바늘 기초 기법
& 작품 만들기

Part 1 준비물

밀키코튼 블루라벨 (100g)
모사용 코바늘 6/0
돗바늘, 가위, 단수링, 줄자

실 1볼이면 연습은 충분히 가능합니다.
다양한 배색뜨기를 원하면 2~3가지색을 준비합니다.

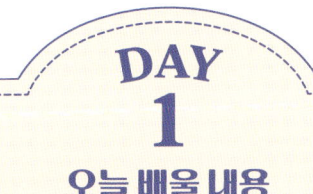

1. 실 거는 법
2. 바늘 잡는 법
3. 사슬뜨기 뜨는 법
4. 사슬뜨기 기호와 모양 알아보기
5. 짧은뜨기 기호와 모양 알아보기
6. 짧은뜨기 뜨는 법

사슬뜨기는 코바늘 뜨기에서 가장 기본이 되는 뜨개 기법입니다.

실과 바늘잡기가 익숙해지고 코의 크기가 일정하게 만들어질 때까지 2m 이상 뜹니다.

1. 실 거는 법

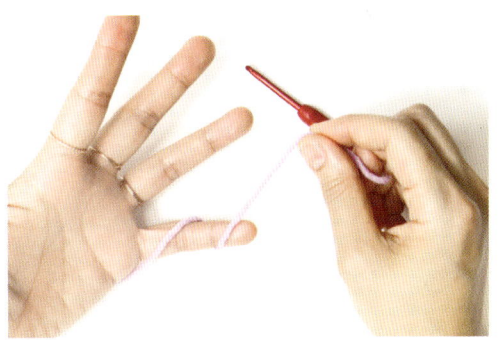

1. 실뭉치에서 실 끝을 찾아줍니다.

2. 오른손으로 실 끝을 잡고 왼손 새끼손가락에 한 번 감아줍니다.

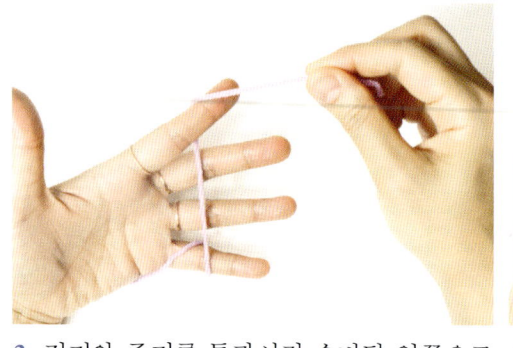
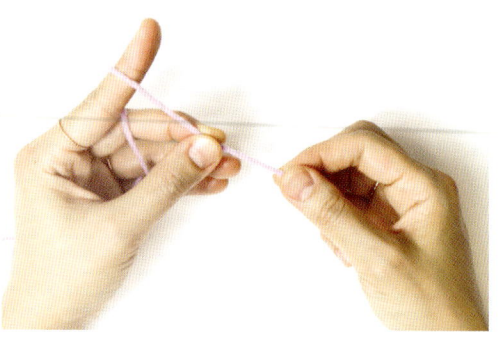

3. 검지와 중지를 통과시켜 손바닥 앞쪽으로
   오게 합니다.

4. 엄지와 중지로 실 끝을 잡고 검지에 걸린 실
   이 늘어지지 않게 잡아줍니다.

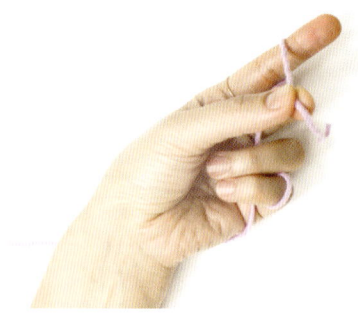

5. 새끼손가락과 약지손가락을 접어서 실이
   풀어지는 속도를 조절합니다.

2. 바늘 잡는 법

아래 두 방법 중 사용하기 편한 방법으로 잡습니다.

펜슬 그립

나이프 그립

1. 연필을 잡은 듯 바늘을 가볍게 잡아줍니다.
   중지가 바늘이 움직이는 것을 도와줍니다.

2. 나이프를 잡은 듯 바늘을 가볍게 잡아줍니다.
   검지가 바늘을 움직이는 것을 도와줍니다.

3. 사슬뜨기 뜨는 법 ⬭

사슬뜨기는 시작코입니다. 시작코는 느슨하게 뜨는 것이 요령입니다.

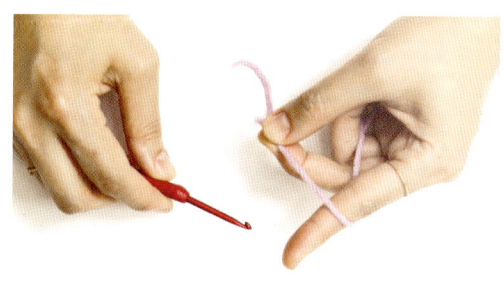

1. 실을 왼손에 걸어 준비합니다.

2. 바늘을 검지에 걸려 있는 실 뒤쪽에 두고 들어줍니다.

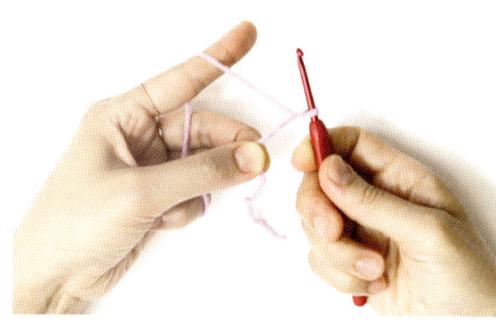

3. 코바늘을 360도 돌려서 감아줍니다.

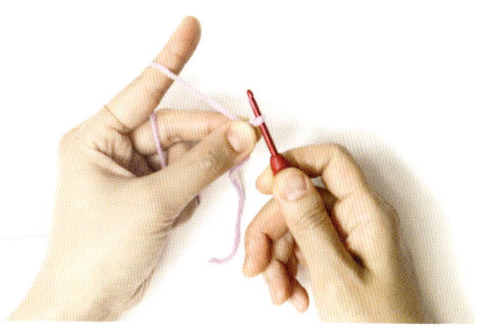

4. 실이 교차된 곳을 엄지와 중지로 잡아줍니다.

5. 코바늘에 실을 걸어 고리로 빼냅니다.

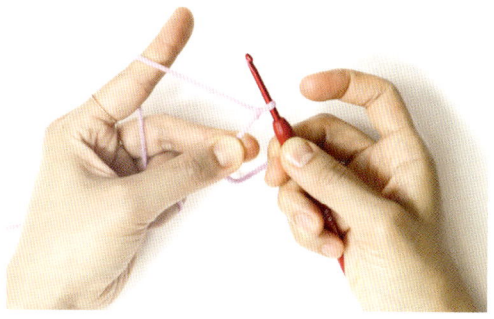

6. 실 끝을 잡아당겨 매듭을 조입니다.

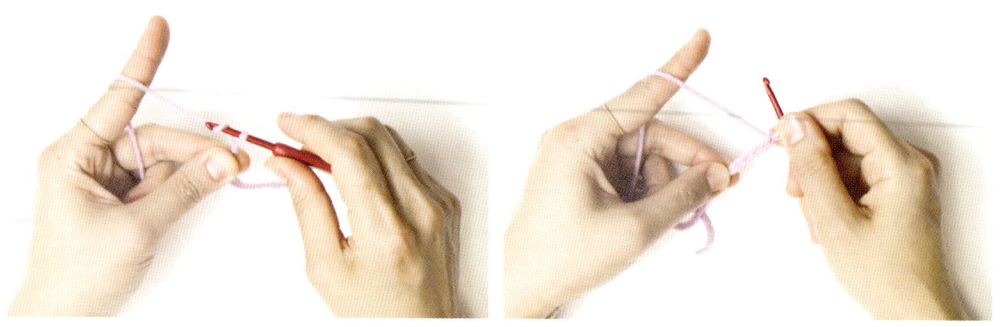

7. 코바늘에 실을 걸어 고리로 빼내어 사슬뜨기로 첫 코를 뜹니다.

8. 5코를 뜬 모양입니다.

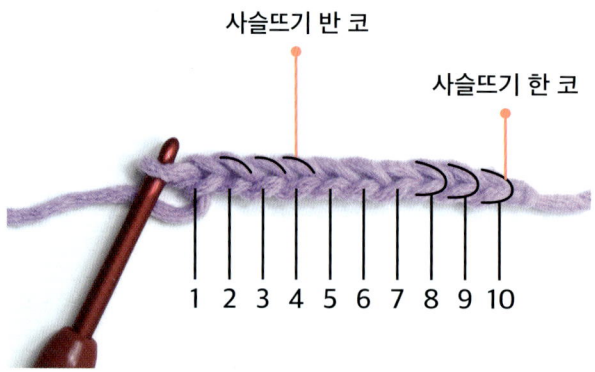

사슬뜨기 반 코

사슬뜨기 한 코

1 2 3 4 5 6 7 8 9 10

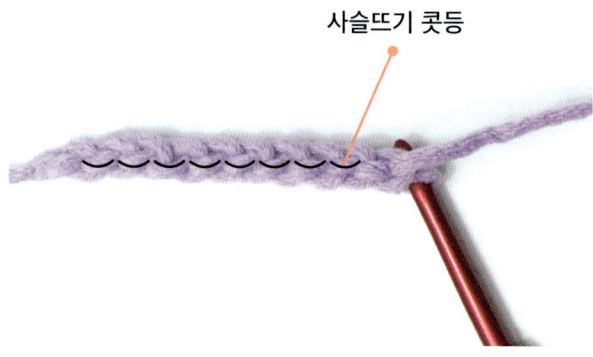

사슬뜨기 콧등

4. 사슬뜨기 기호와 모양 알아보기

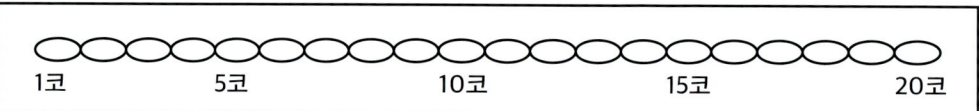

1코 5코 10코 15코 20코

5. 짧은뜨기 기호와 모양 알아보기 ╳＋

코바늘뜨기에서 한 코의 키가 가장 작은 뜨개 기법은 '짧은뜨기'입니다.

╳와 ＋로 사용하기도 합니다.

짧은뜨기의 기둥코는 사슬뜨기 1코입니다.

기둥코는 짧은뜨기의 높이를 맞추는 데 필요한 코입니다.

도안에서 매 단 시작은 기둥코이고 짧은뜨기 1코로 세지 않습니다.

6. 짧은뜨기 뜨는 법

1. 필요한 코 수만큼 사슬뜨기를 뜹니다.

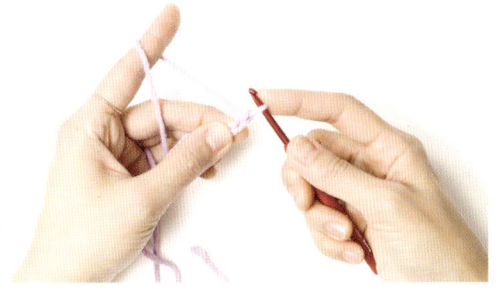

2. 두 번째 사슬 반 코에 짧은뜨기 준비를 합니다.

3. 두 번째 반 코에 바늘을 통과시킵니다.

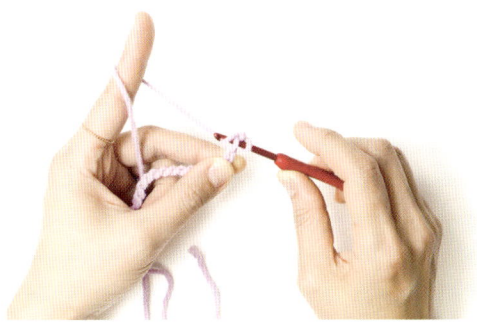

4. 코바늘을 실 뒤쪽에 두고 걸어 빼냅니다.

5. 코바늘에 2개의 고리가 있는 모양을 확인합니다.

6. 바늘에 2줄이 걸려 있는 상태에서 실을 걸고 빼내면 짧은뜨기 한 코 완성입니다.

니팅쌤 톡!

처음 뜨는 사슬뜨기는 고르게 떠지지 않아요.

손에 잡고 있는 실과 바늘이 내 마음대로 움직이지 않고 어색한 건 당연하겠죠.

뜨면서 점점 익숙해지니 반복적으로 떠보세요.

사슬뜨기 한 코의 모양은 바늘에 걸려 있는 고리의 크기로 정해져요.

실을 잡고 있는 검지손가락에 힘을 주면 걸려 있는 실이 팽팽해지고

바늘에 걸려 있는 고리까지 작아지면서 코바늘을 빼낼 공간이 없어져요.

힘을 빼고 코바늘을 들어 고리가 커지면 사슬뜨기를 뜨기 시작합니다.

사슬뜨기가 익숙해지면 짧은뜨기의 뜨기 방법을 따라해보세요.

다음 시간에는 짧은뜨기로 사각 티코스터를 만들어볼 거예요.

- 사각 티코스터 만들기
- 평면뜨기 단 세어보기
- 시작실 끝실 숨기는 방법

1. 사각 티코스터 만들기

평면뜨기로 사각 티코스터를 뜨는 방법입니다.

편물을 돌려가며 뜨는 방법을 평면뜨기라고 합니다.

한 단을 끝까지 뜨고 나면 기둥코를 뜨고 편물을 뒤집어 다음 단을 뜹니다.

뜨개 방향은 오른쪽에서 왼쪽입니다.

1단 : 사슬뜨기21, 두 번째 사슬코부터 짧은뜨기20

2~20단 : 사슬뜨기, 짧은뜨기20

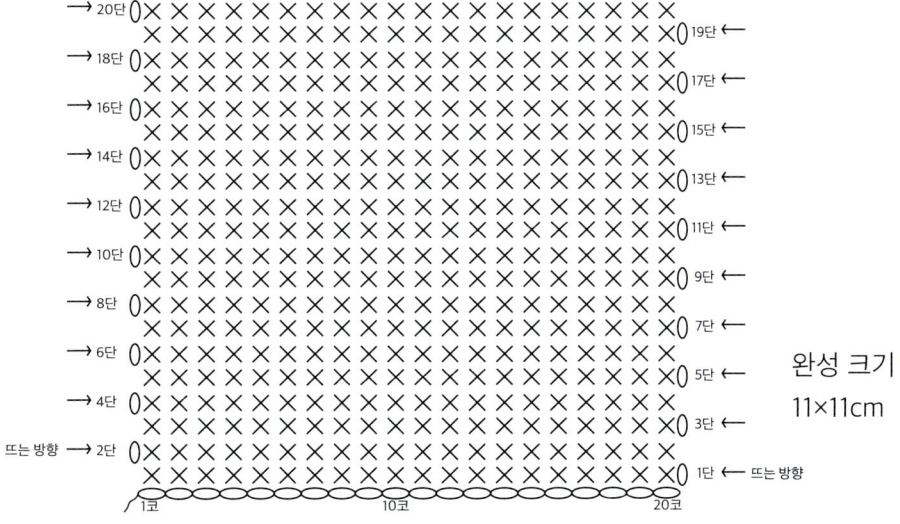

완성 크기
11×11cm

사각 티코스터 1단

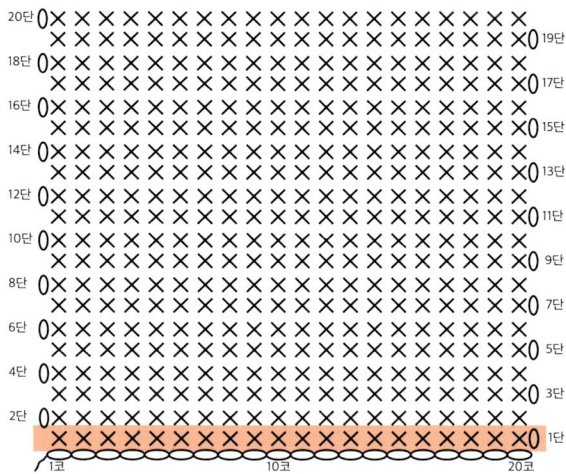

짧은뜨기를 사슬코에 뜨기 시작하려면 사슬뜨기 1코(기둥코)가 필요합니다.
도안에서 기둥코는 단의 시작을 의미합니다.

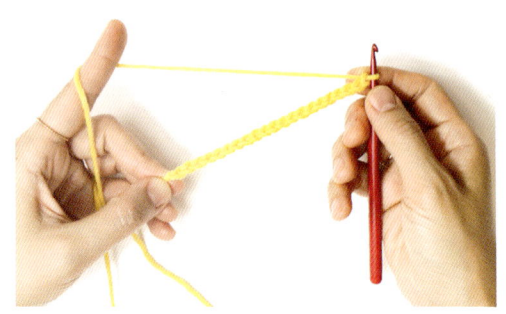

1. 기둥코를 포함한 사슬뜨기 21코 뜹니다.

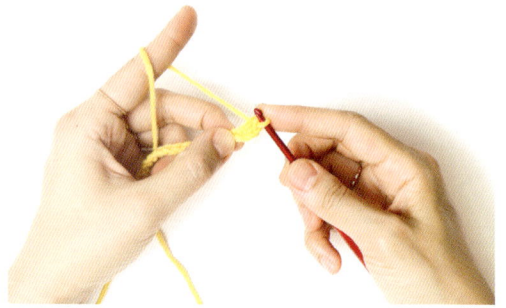

2. 사슬 두 번째 코에 짧은뜨기 1코 뜹니다.

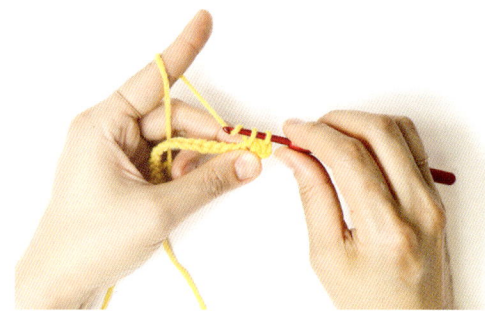

3. 다음 사슬코에도 짧은뜨기 1코 뜹니다.

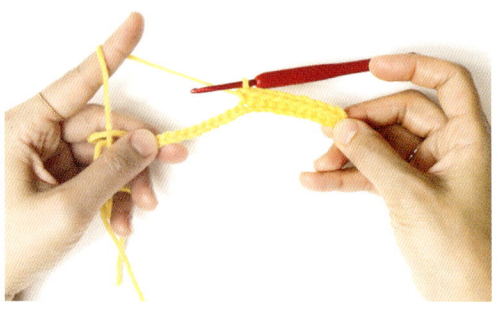

4. 짧은뜨기 10코 뜬 모습입니다.

5. 짧은뜨기 20코 뜬 모습입니다.

사각 티코스터 2단

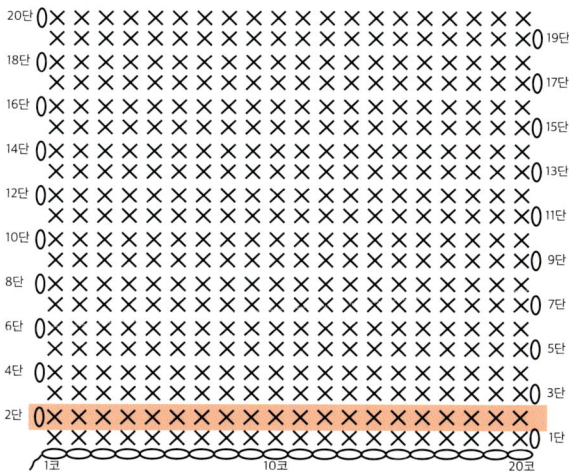

1. 사슬뜨기 1코(기둥코)를 뜹니다.

2. 오른쪽 끝을 들어서 왼쪽으로 편물을 돌립니다.

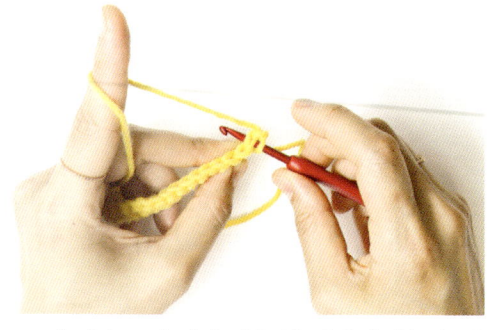 

3. 1단 짧은뜨기 머리 사슬 두 가닥에 바늘을 넣 고 짧은뜨기 뜹니다.

4. 첫 짧은뜨기 뜬 모습입니다.

5. 짧은뜨기 2코 뜬 모습입니다.

6. 10코 뜬 모습입니다.

7. 19코 뜬 모습입니다.

8. 마지막코 머리 사슬 두 가닥까지 뜹니다.

사각 티코스터 3~4단

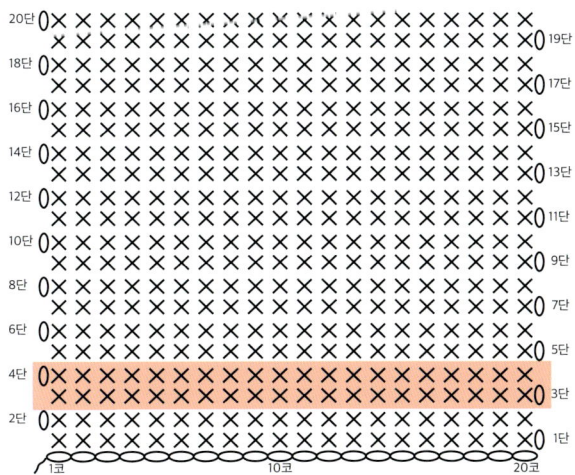

앞에서 설명한 2단과 같은 방법으로 뜹니다.

3단 : 사슬뜨기, 짧은뜨기20
4단 : 사슬뜨기, 짧은뜨기20

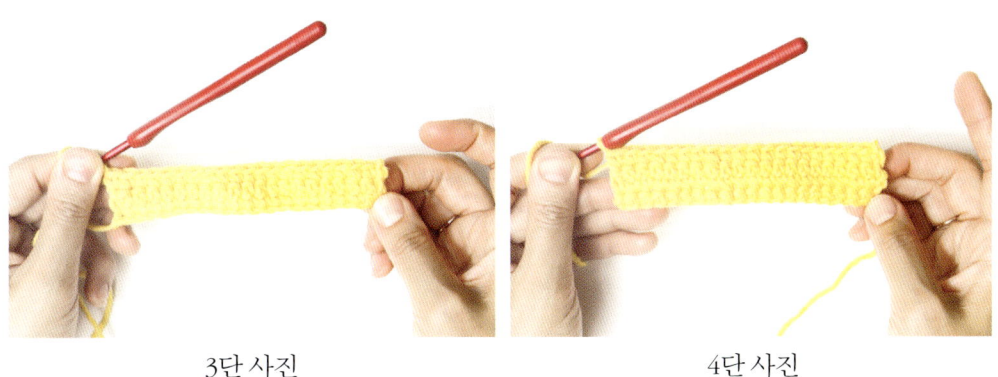

3단 사진   4단 사진

20단까지 동일한 방법으로 뜹니다.

2. 평면뜨기 단 세어보기

편물을 뒤집어 가면서 뜨는 방법이라 앞뒤 모양이 크게 차이가 나지 않습니다.

3. 시작실 끝실 숨기는 방법

티코스터를 완성 후 10cm 정도 남기고 실을 잘라줍니다.
돗바늘에 실을 끼워서 편물 사이로 보이지 않게 3cm 정도 잘 숨겨줍니다.

완성한 티코스터는 책 사이에 끼워두거나 편물의 모양을 핀으로 고정한 뒤 편물에 직접 닿지 않게 스팀 다리미로 다림질합니다.

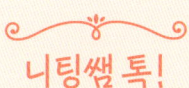

니팅쌤 톡!

뜨개를 시작함에 있어서 도안 보기는 중요해요.

쉬운 도안부터 천천히 보기 시작하면 어느 순간 신기하게 도안을 따라서 뜨게 될 거예요.

완성하면 삐뚤지만 소중한 나만의 첫 작품을 갖게 될 거예요.

작은 성취감을 꼭 느껴보았으면 합니다.

뜨개는 기법에 익숙해지는 것이 중요합니다.

다음 시간에는 원형뜨기 방법을 배울 거예요.

1. 매직링 만들기
2. 늘여뜨기
3. 모아뜨기
4. 빼뜨기
5. 미니공 만들기

1. 매직링 만들기

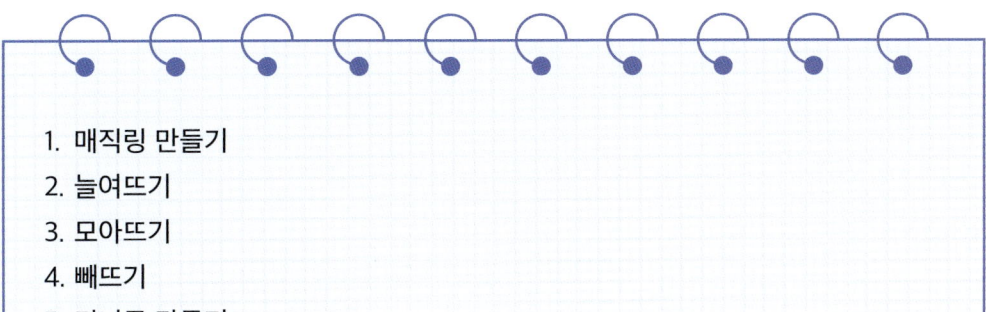

1. 8~10cm 정도 시작실을 남기고 왼손으로 뜰 준비를 합니다.

2. 시작실이 위로 올라오도록 고리를 만듭니다.

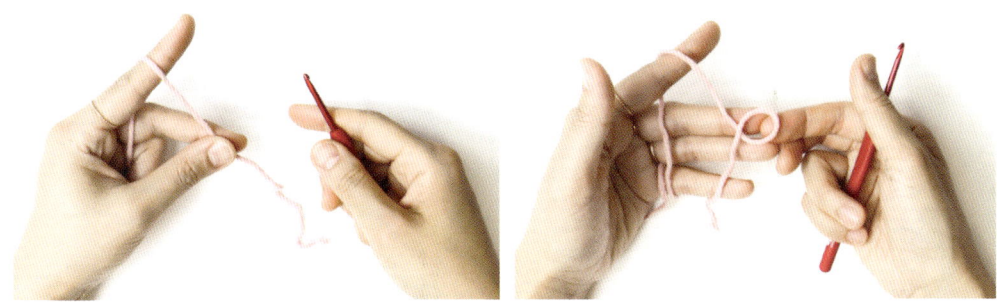

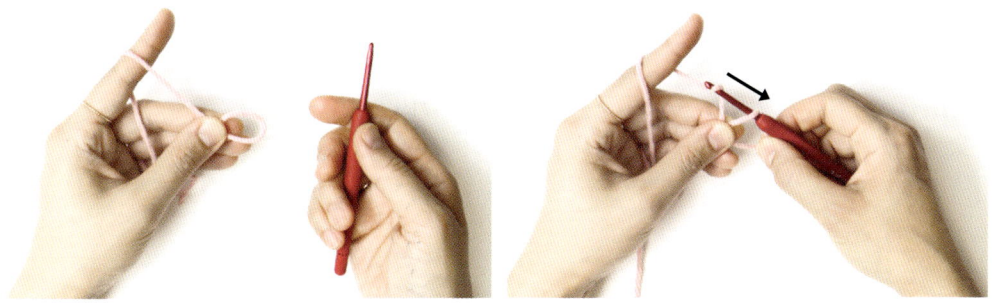

3. 교차되는 지점을 엄지와 중지로 눌러줍니다.

4. 고리 안으로 코바늘을 넣어 실을 빼냅니다.

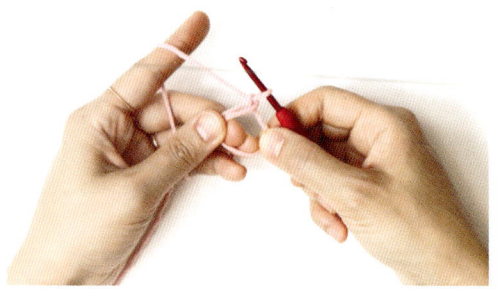

5. 다시 실을 걸어 빼내면 사슬뜨기 1코(기초 코) 완성입니다.

2. 늘여뜨기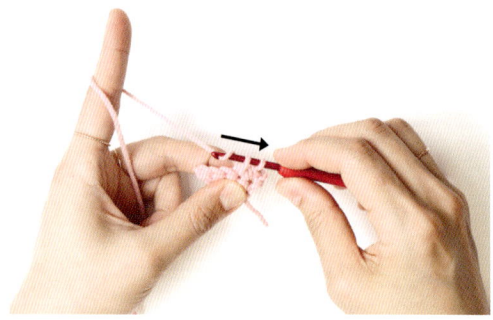

1. 짧은뜨기 1코 뜹니다.

2. 같은 자리에 짧은뜨기를 1코 더 뜨면 늘여 뜨기입니다.

3. 모아뜨기

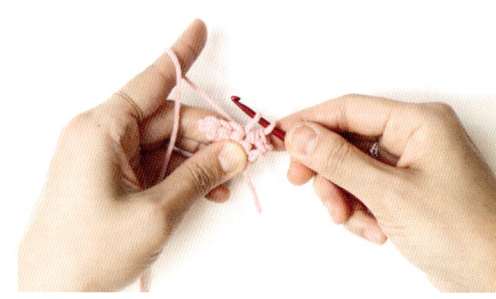

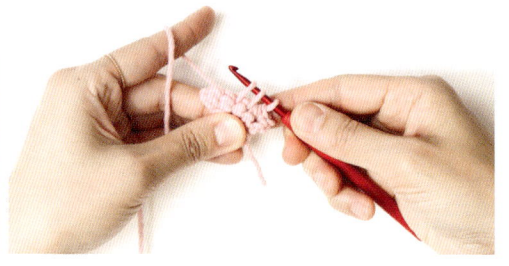

1. 바늘을 넣고 실을 끌어옵니다. (미완성 짧은뜨기)

2. 다음 코에도 바늘을 넣어 실을 끌어옵니다. (미완성 짧은뜨기 2코 모습)

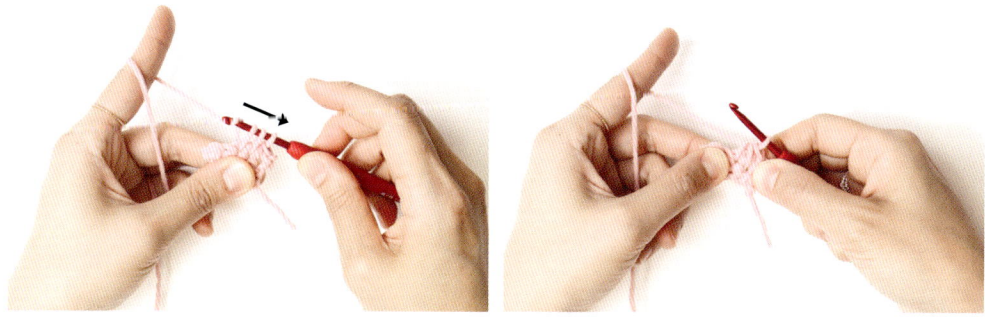

3. 바늘에 실을 걸어 세 가닥의 고리를 모두 빼 냅니다.

4. 짧은뜨기 2코 모아뜨기 모습입니다.

4. 빼뜨기 ●

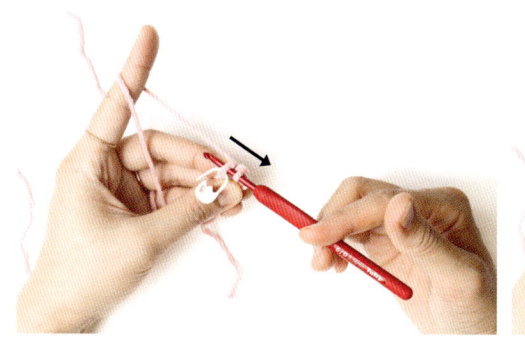

1. 빼뜨기 해야 할 곳에 바늘을 넣습니다.

2. 실을 걸어서 바늘에 걸려 있는 고리를 모두 빼냅니다.

5. 미니공 만들기

아래 도안에서 ×6은 괄호 안의 방법을 6번 반복하면 됩니다.

단의 시작은 기둥코이고 단의 마무리는 빼뜨기입니다.

원형뜨기는 반시계 방향으로 기호를 뜨면 됩니다.

실제 뜨는 방향과 같습니다.

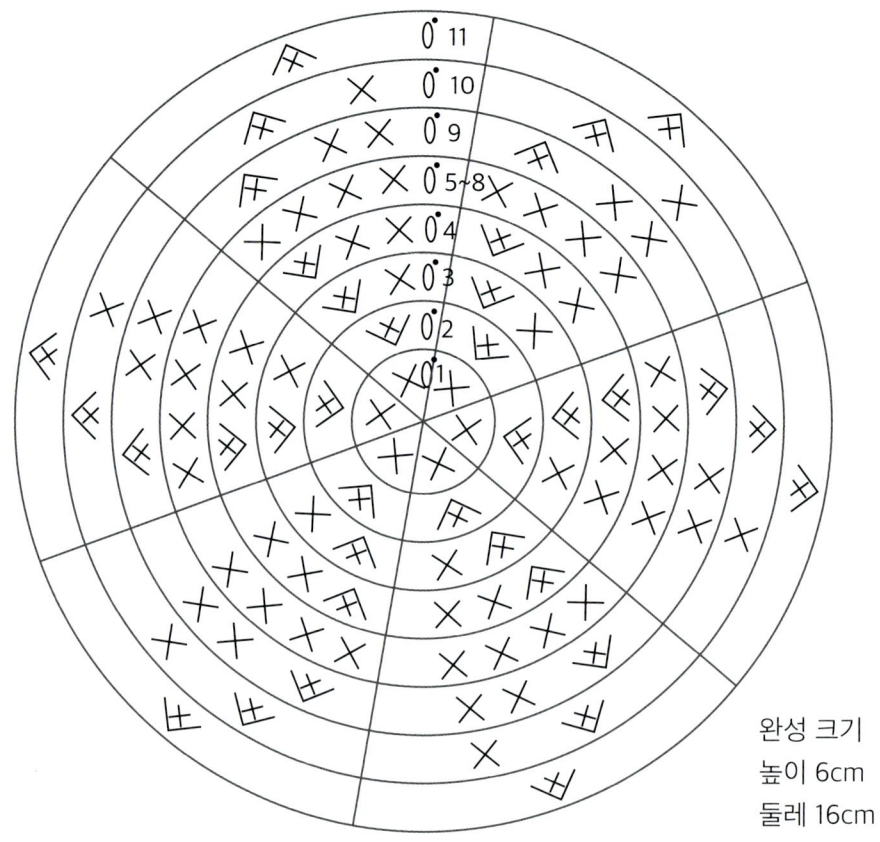

완성 크기
높이 6cm
둘레 16cm

1단 : 매직링 만들기, 사슬뜨기, 짧은뜨기6, 빼뜨기 (6코)

2단 : 사슬뜨기, 늘여뜨기6, 빼뜨기 (12코)

3단 : 사슬뜨기, (짧은뜨기, 늘여뜨기)×6, 빼뜨기 (18코)

4단 : 사슬뜨기, (짧은뜨기2, 늘여뜨기)×6, 빼뜨기 (24코)

5~8단 : 사슬뜨기, 짧은뜨기24, 빼뜨기 (24코)

9단 : 사슬뜨기, (짧은뜨기2, 모아뜨기)×6, 빼뜨기 (18코)

10단 : 사슬뜨기, (짧은뜨기, 모아뜨기)×6, 빼뜨기 (12코)

11단 : 사슬뜨기, 모아뜨기6, 빼뜨기 (6코)

미니공 1단 뜨기

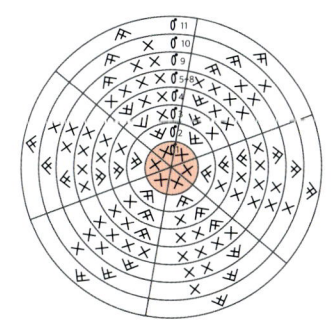

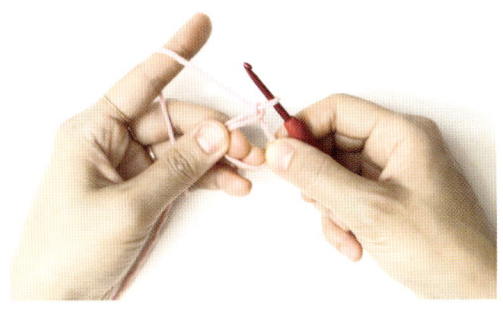

1. 매직링에 사슬뜨기 1코(기둥코) 뜹니다.

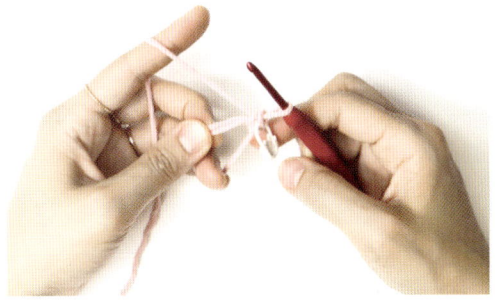

2. 고정된 링과 시작실 2줄 위에 짧은뜨기를 뜹니다. (핀으로 첫 코 표시)

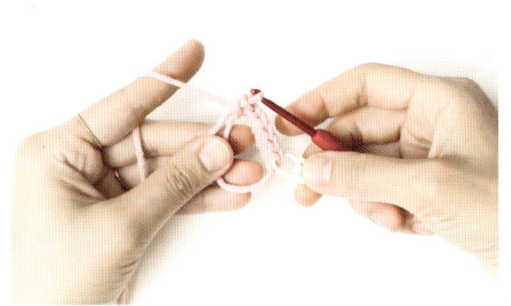

3. 1단 코수는 6코입니다. 고정된 링 안으로 총 6코 뜹니다.

4. 시작실을 천천히 당겨서 고리를 조입니다.

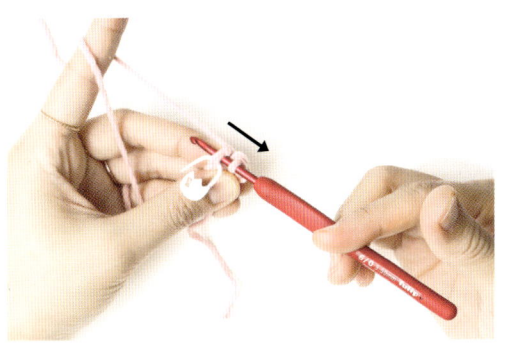

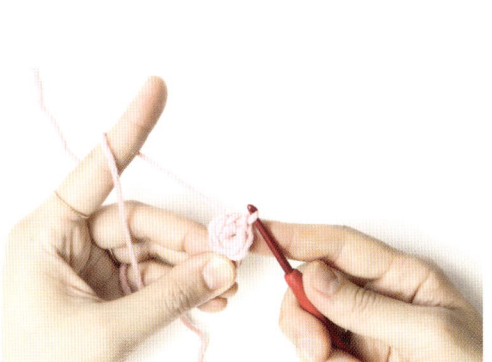

5. 핀으로 표시한 첫 코에 바늘을 넣어 빼뜨기를 합니다.

6. 바늘에 걸려 있는 모든 고리를 빼냅니다.

미니공 2단 뜨기

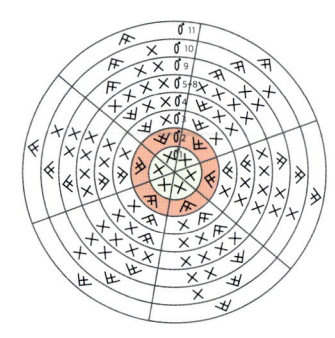

1. 사슬뜨기를 뜹니다. (기둥코)

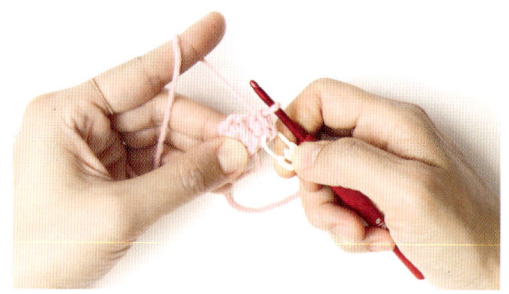

2. 1단 첫 번째 코에 늘여뜨기를 뜹니다. (핀으로 첫 코 표시)

3. 나머지 5코에도 모두 늘여뜨기 뜹니다. (12코)

4. L 모양 코(빼뜨기, 기둥코)는 뜨지 않는 코입니다.

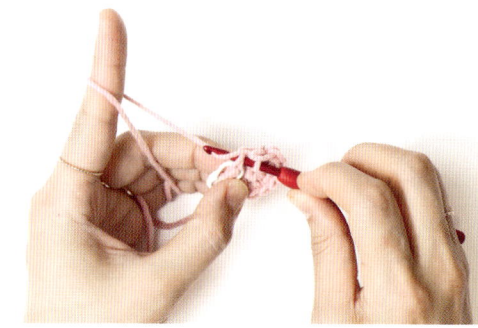

5. 1단의 첫 코에 빼뜨기 뜹니다.

6. 2단 완성입니다.

미니공 3단 뜨기

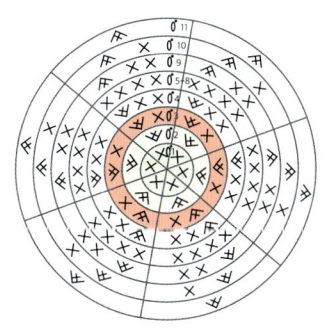

1. 사슬뜨기를 뜹니다. (기둥코)

2. 2단의 첫 코부터 짧은뜨기, 늘여뜨기를 뜹니다. (핀으로 첫 코 표시)

3. (짧은뜨기, 늘여뜨기) 2번 떴습니다. (6코)

4. (짧은뜨기, 늘여뜨기) 4번 더 반복하여 뜨고 18코 확인합니다.

5. L 모양 코(빼뜨기, 기둥코)는 뜨지 않는 코를 확인하고 2단 첫 코에 빼뜨기 하면 3단 완성입니다.

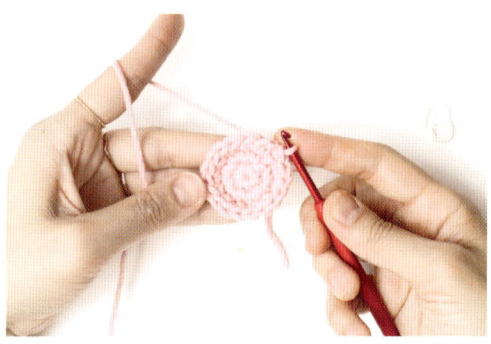

6. 3단 완성입니다.

미니공 4단 뜨기

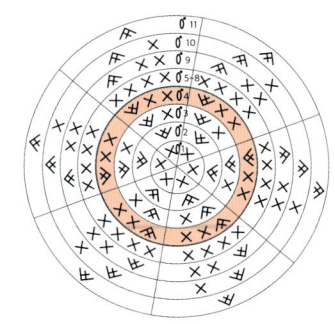

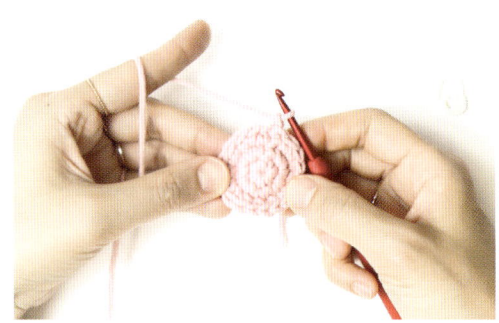

1. 사슬뜨기를 뜹니다. (기둥코)

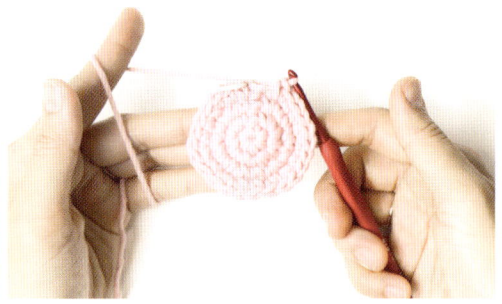

2. (짧은뜨기2, 늘여뜨기)를 6번 24코를 뜹니다. (핀으로 첫 코 표시)

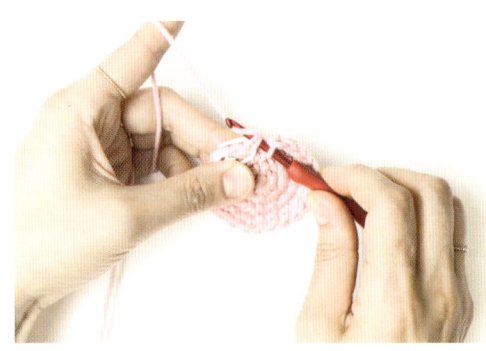

3. L모양 코(빼뜨기, 기둥코)는 뜨지 않는 코 확인하고 3단 첫 코에 빼뜨기 하면 4단 완성입니다.

4. 4단 완성입니다.

미니공 5~8단 뜨기

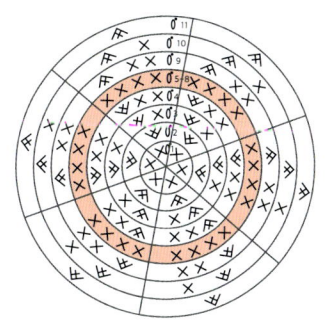

1. 사슬뜨기를 뜹니다. (기둥코)

2. 코늘림 없이 24코 짧은뜨기 뜹니다.

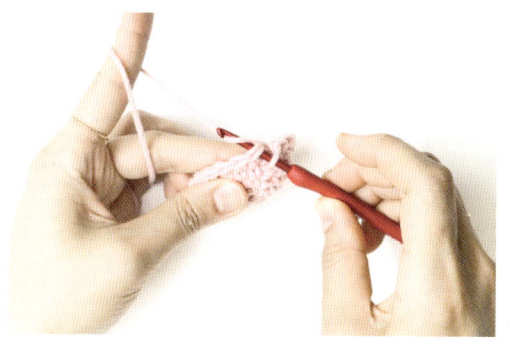

3. 24코 확인 후 빼뜨기 합니다.

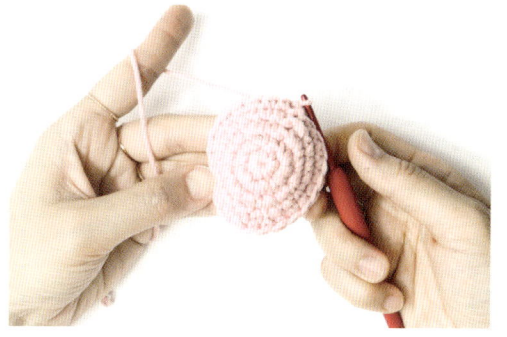

4. 5단 완성입니다.

5. 6~8단까지 1~3번을 세 번 반복하여 뜹니다.

미니공 9~11단 뜨기

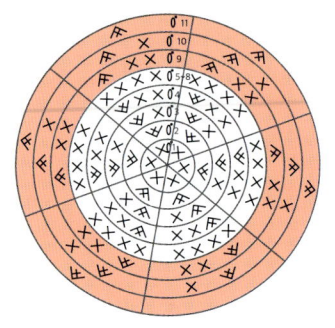

1. 9단 기둥코를 뜨고 짧은뜨기 2코를 뜹니다.

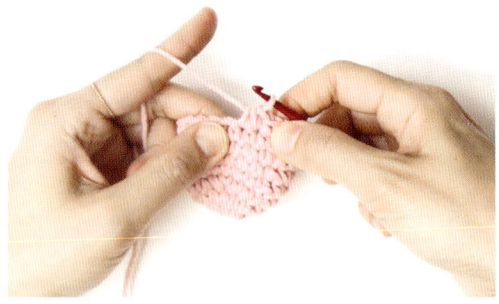

2. 모아뜨기를 뜹니다.

3. (짧은뜨기2, 모아뜨기) 5번 더 반복하여 뜹니다. (18코)

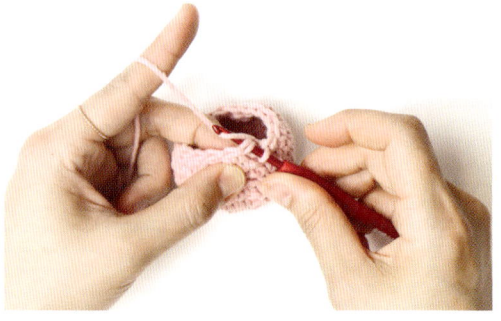

4. 좁혀지는 모양을 확인 후 빼뜨기 하면 9단 완성입니다.

5. 10단도 짧은뜨기, 모아뜨기 뜹니다.

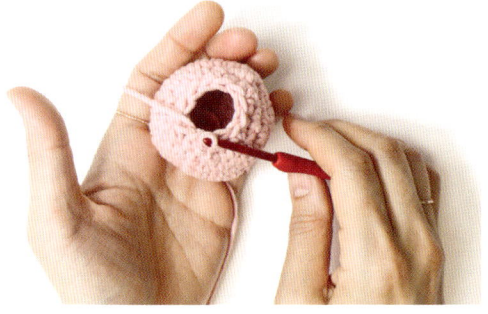

6. (짧은뜨기, 모아뜨기) 5번 더 뜹니다. (12코)

7. 만들어진 미니공 안으로 솜을 적당히 채워 줍니다.

8. 11단 사슬뜨기, 모아뜨기6, 빼뜨기 합니다.

미니공 마무리하기

1. 실을 20cm정도 가위로 잘라줍니다.

2. 돗바늘을 사용하여 윗부분 6줄에 통과시켜 줍니다.

3. 실을 당기면 조여집니다.

4. 미니공 안쪽으로 실을 숨겨줍니다.

5. 끈이나, 고리를 사용하여 키링이나 가방참으로 사용합니다.

니팅쌤 톡!

미니공 만들기는 초보에게 제일 어렵지만

코바늘 뜨기에 재미를 느끼기에 가장 좋은 소품이에요.

코바늘에서 매직링은 꼭 알아야 다양한 작품들을 만들 수 있어요.

초보가 가장 어려워하는 기법이지만 차근차근 연습한다면 모두 성공할 수 있어요.

입체공은 고리를 걸어서 키링이나 가방참, 강아지 장난감 등

원하는 용도로 사용하면 됩니다.

다음 시간에는 새로운 기법 한길긴뜨기를 떠볼 거예요.

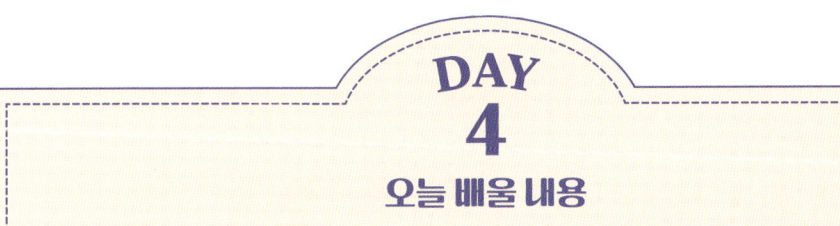

DAY
4
오늘 배울 내용

- 한길긴뜨기 뜨는 법
- 그래니스퀘어 모티브 뜨기

한길긴뜨기는 코바늘 뜨기에서 가장 많이 사용하는 뜨개 기법입니다.

한 코의 높이가 사슬뜨기 3코이고 사슬뜨기 3코는 시작 첫 코로 세어야 합니다.

탄탄한 편물보다는 네트백, 수세미, 블랭킷, 뷔스티에 등 여러 가지 생활 소품들을 뜨기에 좋습니다.

1. 한길긴뜨기 뜨는 법

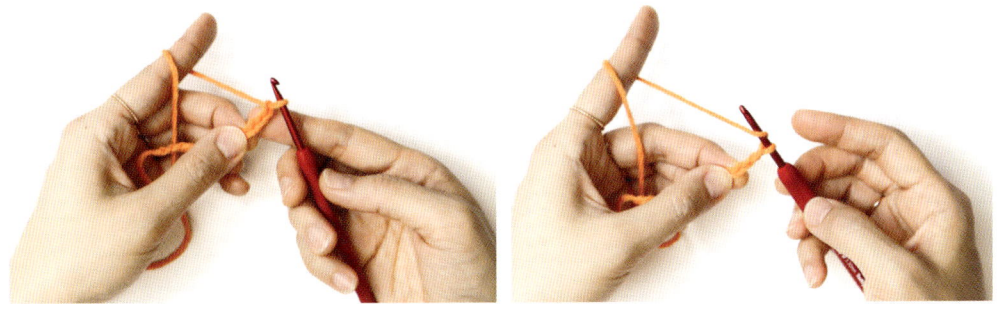

1. 필요한 사슬뜨기를 뜨고 한길긴뜨기 기둥   **2.** 바늘에 실을 한 번 걸어줍니다.
코는 사슬뜨기 3코 더 뜹니다.

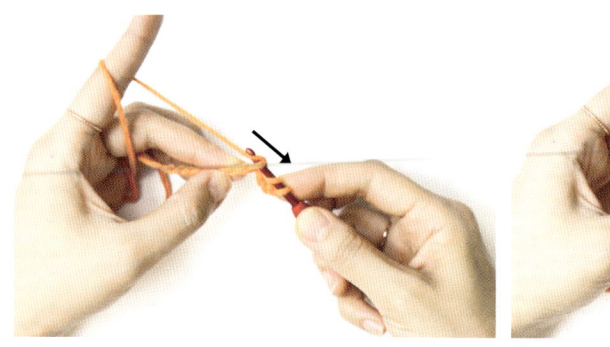 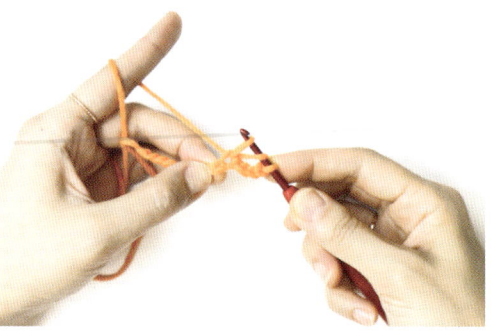

3. 사슬에서 네 번째 코에 바늘을 넣어 실을 걸 **4.** 바늘에 3줄이 걸려 있는 상태입니다.
어 빼냅니다.

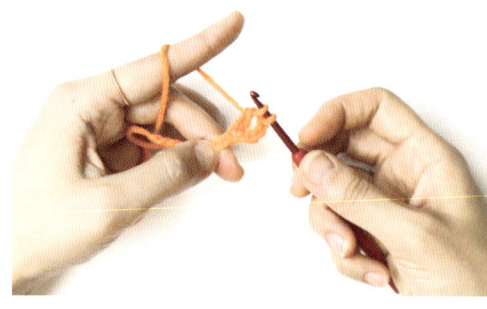 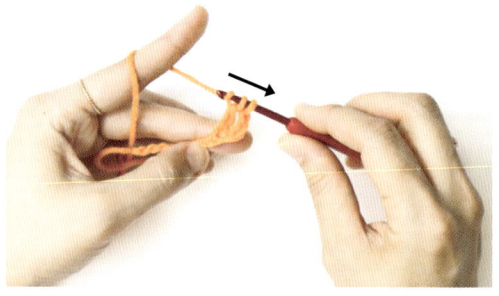

5. 실을 걸어서 바늘에 걸린 3줄에 2줄을 먼저 **6.** 한 번 더 실을 걸어서 남은 2줄을 빼냅니다.
빼냅니다.

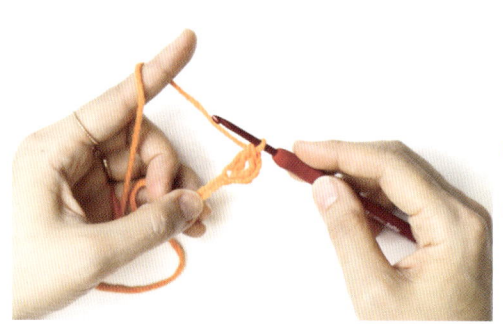 

7. 한길긴뜨기 1코 완성입니다. **8.** 사슬뜨기 3코는 한길긴뜨기 한 코가 되고
한길긴뜨기 5코를 뜨면 모두 6코입니다.

2. 그래니스퀘어 모티브 뜨기

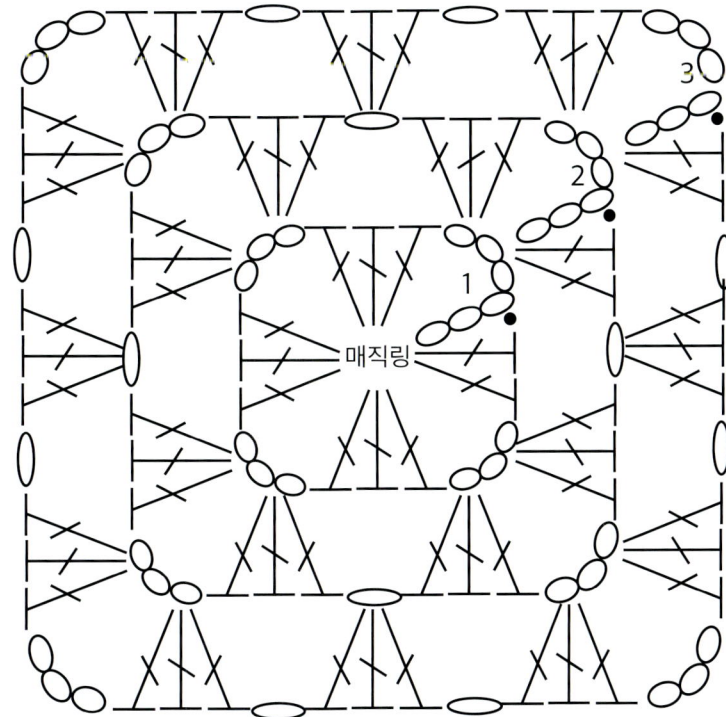

완성 크기
8×8cm

그래니스퀘어 모티브 1단 뜨기

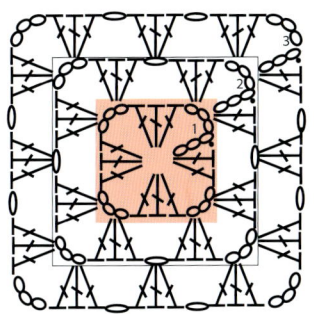

1. 실을 잡고 매직링을 만들어줍니다.

2. 사슬뜨기 6코(기둥코3, 모서리 무늬코3) 뜹니다. (기둥코 핀으로 표시)

3. 매직링 고리 안으로 한길긴뜨기3, 사슬뜨기 3을 뜹니다.

4. (한길긴뜨기3, 사슬뜨기3) 2번 더 반복하여 뜹니다.

5. 한길긴뜨기 2코를 뜹니다.

6. 시작실을 당겨 고리를 조여줍니다.

7. 빼뜨기는 핀이 걸려 있는 기둥코에 사슬 반 코와 콧등 2줄이 위로 올라오게 코바늘을 넣어줍니다.

8. 빼뜨기까지 1단 완성입니다.

그래니스퀘어 모티브 2단 뜨기

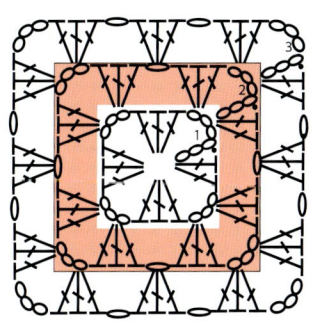

1. 사슬뜨기 6코(기둥코3, 모서리 무늬코3) 뜹니다. (기둥코에 핀으로 표시)

2. 1단 사슬뜨기3 아래로 한길긴뜨기3을 뜨고 사슬뜨기를 한 코 뜹니다.

3. 1단 사슬아래로 한길긴뜨기3, 사슬뜨기3, 한길 긴뜨기3을 뜨면 2단 모서리가 만들어집니다.

4. 사슬뜨기, 한길긴뜨기3, 사슬뜨기3, 한길긴 뜨기3을 2번 더 뜹니다.

5. 사슬뜨기, 1단 사슬 아래로 한길긴뜨기 2코 를 뜨고 빼뜨기 뜨면 2단 완성입니다.

그래니스퀘어 모티브 3단 뜨기

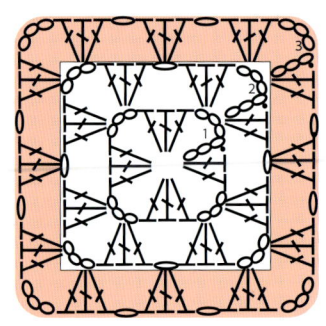

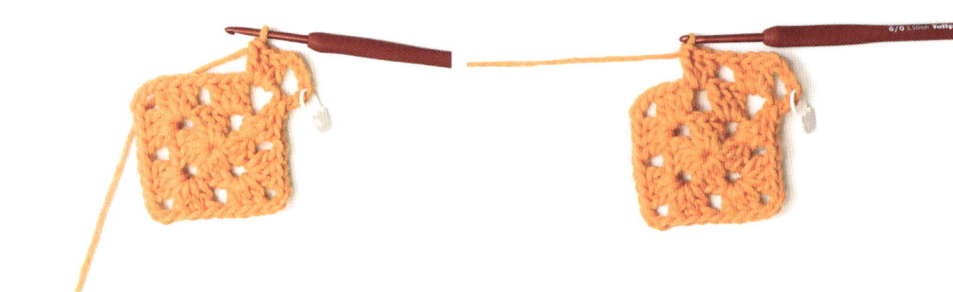

1. 사슬뜨기6, 한길긴뜨기3을 같은 자리에 뜹니다.

2. 사슬뜨기 1코 아래는 한길긴뜨기3, 사슬뜨기1 뜹니다.

3. 모서리 부분에는 한길긴뜨기3, 사슬뜨기3, 한길긴뜨기3을 뜹니다.

4. 2단과 같은 방법으로 한길긴뜨기2, 빼뜨기로 3단을 완성합니다.

5. 실을 15cm 정도 잘라 코바늘을 들어 실을 빼낸 다음 돗바늘에 걸어줍니다.

6. 빼뜨기와 같은 자리에 돗바늘을 넣어 실을 뒤쪽으로 빼냅니다.

7. 실을 편물 사이로 숨겨줍니다.
　　(시작실도 같은 방법)

니팅쌤 톡!

한길긴뜨기는 짧은뜨기보다 코의 길이가 길어서 코를 볼 때 어렵지 않아요.

이제 기초 뜨개 기법은 모두 배웠어요.

한길긴뜨기까지 익숙하게 뜬다면 새로운 기호와 뜨개 방법을 익히기는 쉬워질 거예요.

다음 시간에는 모티브를 활용한 뜨개 화분 커버를 만들 거예요.

1. 한길긴뜨기 모티브에 가장자리 짧은뜨기 뜨는 법
2. 그래니스퀘어 모티브 연결 방법
3. 한길긴뜨기 배색하는 법
4. 모티브와 같은 색으로 4단 뜨는 법

1. 한길긴뜨기 모티브에 가장자리 짧은뜨기 뜨는 방법

완성 크기
10×10cm

1. 모서리 부분에 실을 한 번 묶습니다.

2. 코바늘로 실을 끌어와 사슬뜨기 1코를 뜹니다.

3. 사슬뜨기3 아래 같은자리에 짧은뜨기 5코를 뜹니다.

4. 한길긴뜨기 위 머리코 2줄에 모두 바늘을 통과시켜 짧은뜨기 뜹니다.

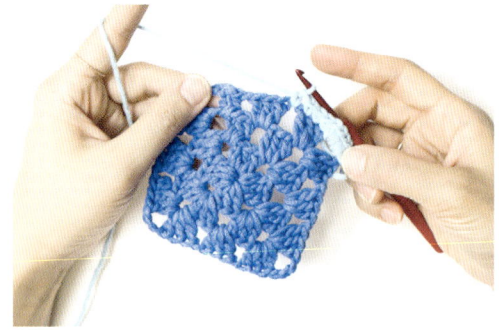

5. 사슬코 아래로 바늘을 넣어 짧은뜨기 1코 뜹니다.

6. 같은 방법으로 모티브 전체 한바퀴 짧은뜨기 모두 뜹니다.

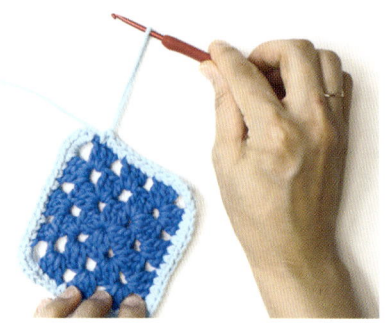

7. 실을 15cm 정도 잘라서 풀리지 않게 실을 빼냅니다.

8. 돗바늘에 실을 걸어줍니다.

9. 짧은뜨기 두 번째 코에 돗바늘을 넣어서 2cm 정도 남기고 당겨줍니다.

10. 실이 걸려 있는 마지막코 고리 사이에 바늘을 통과시켜 천천히 당겨줍니다.

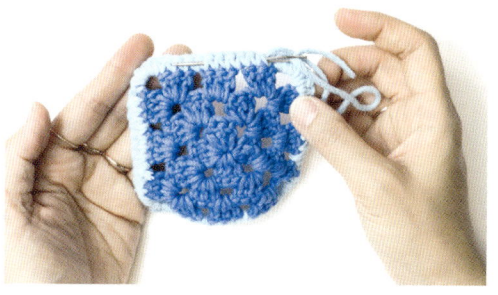

11. 머리코와 같은 모양의 고리를 만들어줍니다.

12. 모티브 쪽에 실을 숨겨주면 완성입니다.

2. 그래니스퀘어 모티브 연결 방법

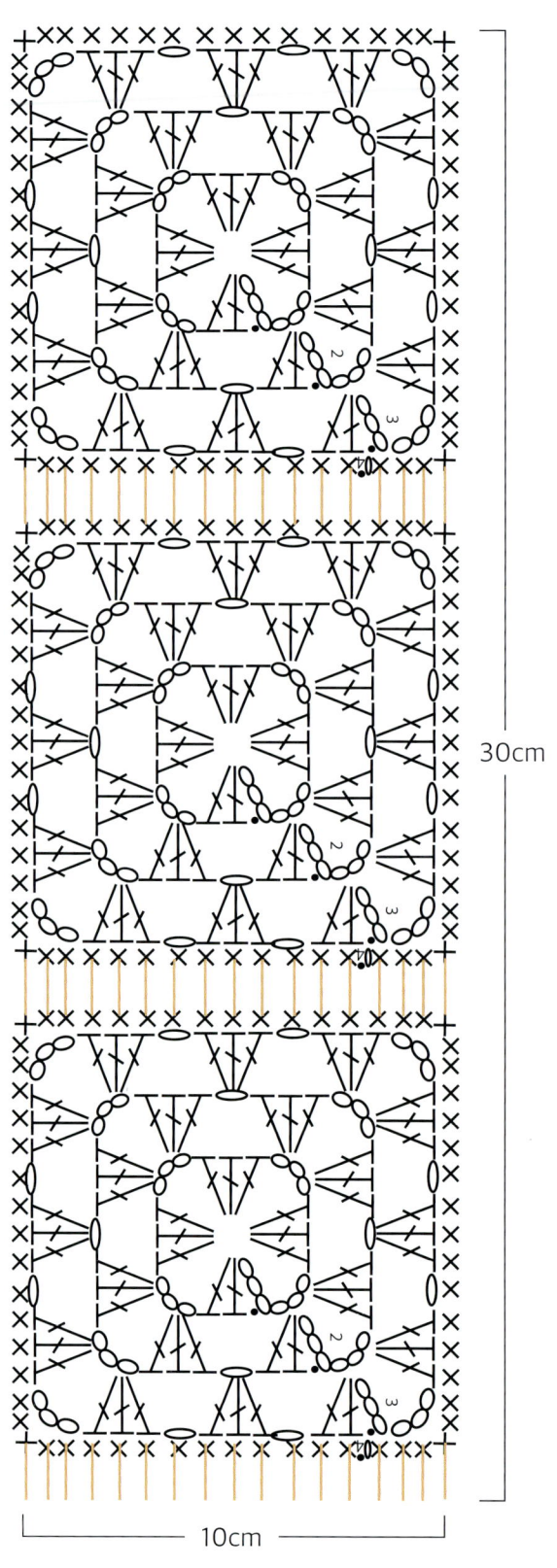

30cm

10cm

1. 연결할 부분에 4배 정도 되는 실을 준비해 돗바늘에 걸어줍니다.

2. 모서리 가운데 코와 코를 5cm 정도만 남기고 통과시켜줍니다.

3. 같은 자리에 한 번 더 바늘을 통과시켜 실을 양쪽으로 당겨 조여줍니다.

4. 다음 짧은뜨기 머리코에도 감침질 하듯 바느질로 연결합니다.

5. 실 당김 조절이 너무 조여지거나 느슨하지 않게 합니다.

6. 같은 면 모서리 부분까지 바느질로 연결합니다.

7. 시작실과 끝실은 돗바늘로 모티브 뒷면에 숨겨줍니다.

8. 원통 모양이 되도록 3개의 모티브를 원통 모양으로 만듭니다.

3. 한길긴뜨기 배색하는 법

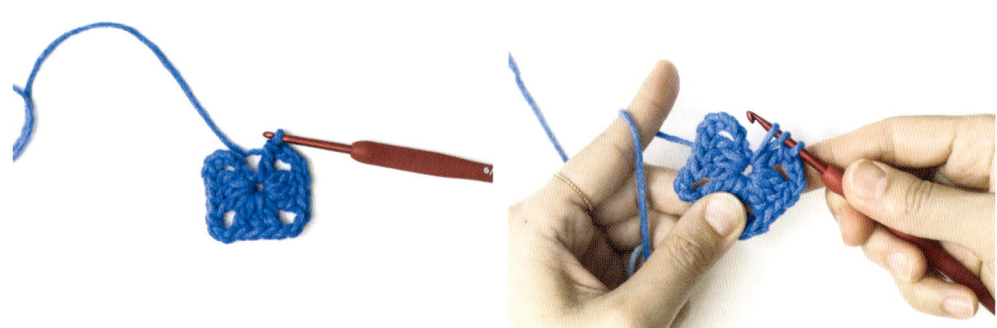

1. 모티브 1단 마지막코 전까지 뜹니다.

2. 마지막코를 바늘에 실을 걸어 끌어옵니다.

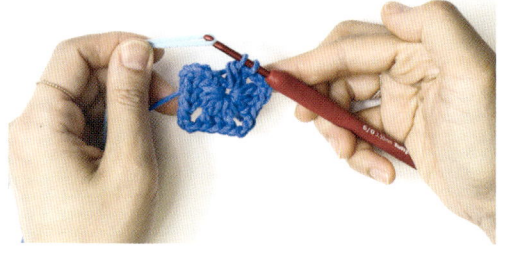

3. 바늘에 걸린 2줄만 빼냅니다.

4. 새로운 컬러의 실을 준비합니다.

 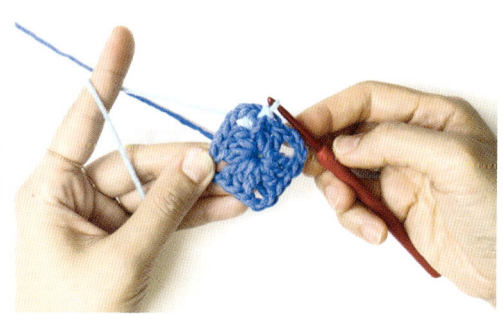

5. 바늘에 걸어서 남은 두 가닥을 빼냅니다.　6. 빼뜨기 합니다.

7. 새로운 컬러로 2단 뜨기를 시작합니다.

4. 모티브와 같은 색으로 4단 뜨는 법

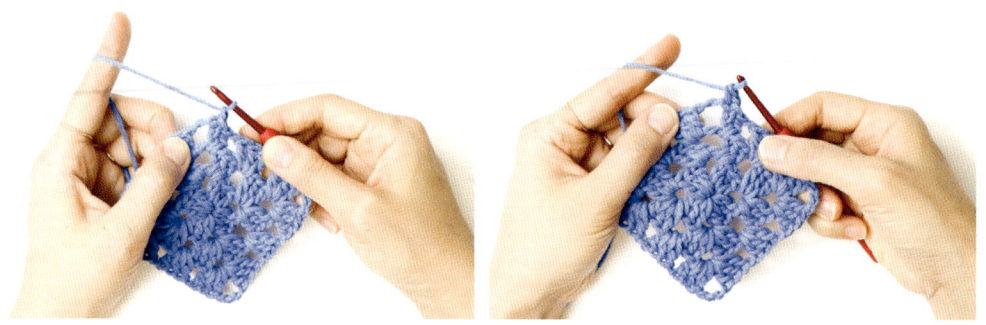

1. 사슬뜨기 1코를 뜹니다. (기둥코)
2. 같은 자리에 짧은뜨기 한 코 뜹니다.
3. 배색한 가장자리 뜨는 방법과 동일한 방법으로 뜹니다.

니팅쌤 톡!

허전한 미니 화분에 옷을 입혀 따뜻한 분위기를 내기에는 충분할 거예요.

내가 만들었다는 성취감에 더 애착이 가는 반려식물이 될 거 같아요.

이제 기초 뜨개는 모두 배웠어요.

Day 5 내용을 한 번씩 해봤다면 초보는 아니에요.

어렵지 않은 간단한 작품들에 도전해볼 수 있어요.

뜨개의 취향은 개인마다 모두 달라서 하고 싶은 작품부터 시작해보세요.

책에서 소개하는 내용들도 모두 떠본다면 어떤 도안도 어렵지 않게 읽을 수 있을 거예요.

다음 Part 2에서는 더 즐거운 뜨개의 매력을 함께 알아가보도록 해요.

그래니스퀘어 모티브를 연결해 만든 화분 커버 (배색)

그래니스퀘어 모티브를 연결해 만든 화분 커버 (단색)

Part
2

/

손뜨개
응용 작품 만들기
& 작품 도안

원형 티슈 케이스

와인 캐리어

미니 숄더백

사각 티슈 케이스

스트라이프
핸드폰 가방

네트 핸드폰 가방

테블릿 파우치

인테리어
선인장 쿠션

블루투스
이어폰 파우치

리트위스트
빅백

벚꽃 수세미

세로
스트라이프 빅백

지그재그
버킷백

Wine Carrier

1. 와인 캐리어

뜨개 기법	사슬뜨기, 짧은뜨기, 늘여뜨기, 한길긴뜨기, 빼뜨기
뜨개 바늘	왕코바늘 10mm
뜨개실	리트위스트 XX레이스 (250g) 1볼
샘플 컬러	5003그레이, 5004라이트그레이
완성 크기	높이 16cm, 둘레 28cm, 끈 길이 70cm

만드는 방법 설명

와인 캐리어 바닥면을 짧은뜨기 원형뜨기, 옆면을 사슬뜨기 5코와 짧은뜨기로 네트 모양을 뜹니다.

무늬의 일정한 모양이 나오게 하기 위해서 옆면을 뜰 때 각 단의 마지막은 사슬뜨기 2코와 한길긴뜨기로 마무리합니다.

옆면 7단을 마무리한 후 실은 자르지 않고 이어서 사슬뜨기 70cm를 뜹니다.

와인 캐리어 반대쪽 지점에 튼튼히 묶어서 마무리합니다.

사슬을 더 길게 뜨면 크로스로 사용도 가능합니다. (70~120cm)

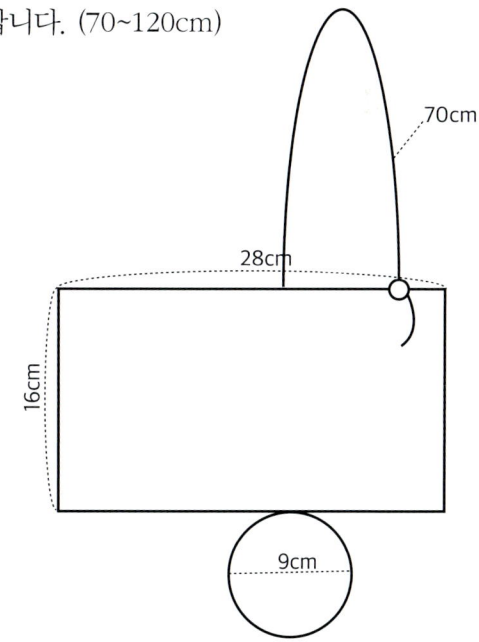

① **바닥 만들기**

바닥은 원형뜨기로 시작한다.

1단: 매직링 만들기, 사슬뜨기, 짧은뜨기6, 빼뜨기 (6코)

2단: 사슬뜨기, 늘여뜨기6, 빼뜨기 (12코)

3단: 사슬뜨기, (짧은뜨기, 늘여뜨기)×6, 빼뜨기 (18코)

② **옆면 만들기**

4단: 사슬뜨기, 짧은뜨기, (사슬뜨기5, 2코 건너띄우고 짧은뜨기)×5, 사슬뜨기2, 한길긴뜨기

5~9단: (사슬뜨기5, 짧은뜨기)×5, 사슬뜨기2, 한길긴뜨기

10단: (사슬뜨기3, 짧은뜨기)×5, 사슬뜨기3, 빼뜨기

③ **끈 만들기**

사슬뜨기 70~120cm를 떠서 반대쪽
옆면에 묶어서 연결한다.

기호 도안

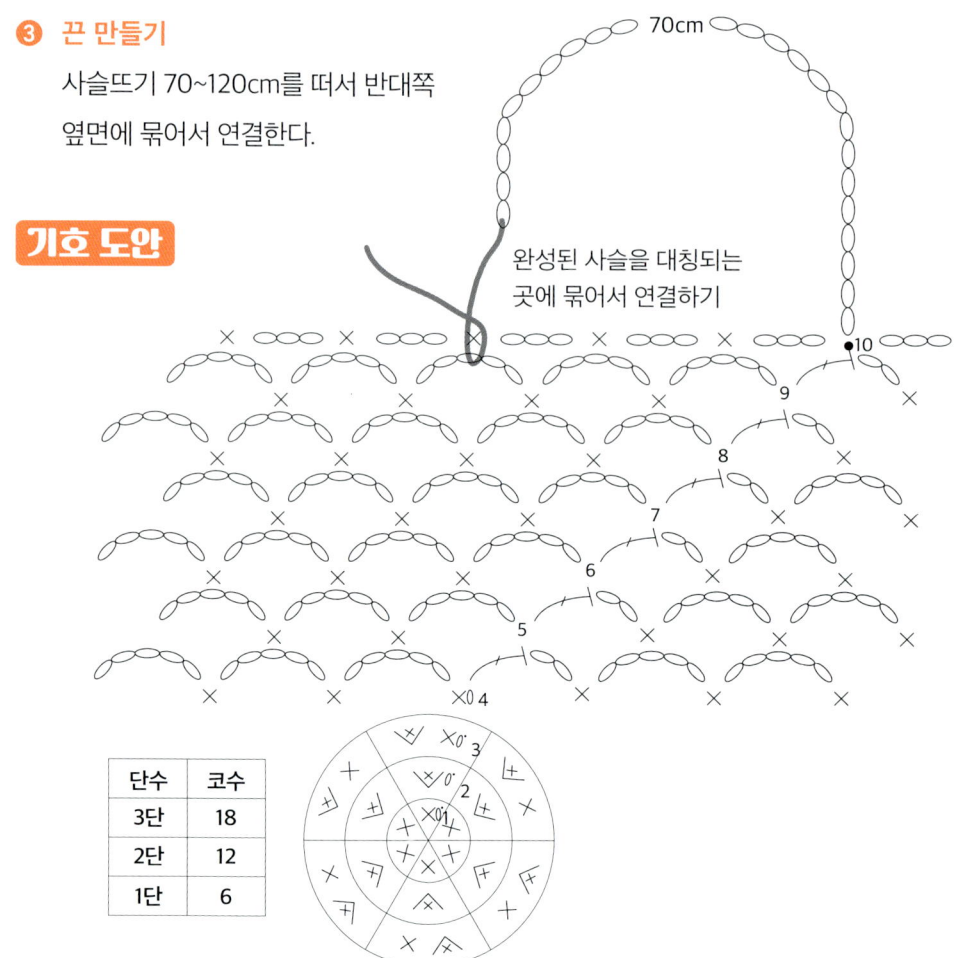

완성된 사슬을 대칭되는
곳에 묶어서 연결하기

70cm

단수	코수
3단	18
2단	12
1단	6

(좌) 원형 티슈 케이스 (우) 사각 티슈 케이스

2. 원형 티슈 케이스

뜨개 기법	사슬뜨기, 짧은뜨기, 늘여뜨기, 이랑뜨기, 빼뜨기
뜨개 바늘	왕코바늘 10mm
뜨개실	리트위스트 XX레이스 (250g) 1볼
샘플 컬러	5021핑크, 5023베이비핑크
완성 크기	높이 10cm, 둘레 40cm

만드는 방법 설명

원형 티슈 케이스는 윗부분부터 만들고 아래 방향으로 뜨는 방법입니다.

사슬뜨기 9코, 빼뜨기로 원형 고리 모양을 만들고 1단 짧은뜨기 9코는 사슬뜨기 전체를 감싸며 짧은뜨기를 뜹니다.

이랑뜨기로 경계 부분을 만들고 코늘림 없이 11단까지 뜹니다.

귀를 2개 만들어 연결하면 완성입니다.

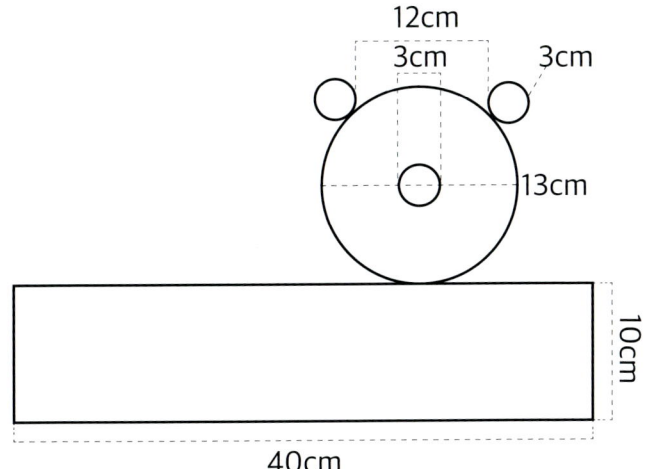

서술형 도안

❶ 원형 티슈 케이스

사슬뜨기9, 첫 코에 빼뜨기로 링 모양을 만든다.

1단: 사슬뜨기, 사슬뜨기 링 안으로 짧은뜨기9, 빼뜨기 (9코)

2단: 사슬 뜨기, 늘여뜨기9, 빼뜨기 (18코)

3단: 사슬뜨기, (짧은뜨기, 늘여뜨기)×9, 빼뜨기 (27코)

4단: 사슬뜨기, 짧은뜨기27, 빼뜨기 (27코)

5단: 사슬뜨기, 이랑뜨기27, 빼뜨기 (27코)

6~11단: 사슬뜨기, 짧은뜨기27, 빼뜨기 (27코)

❷ 귀 (2개)

1단: 원형코 만들기, 사슬뜨기, 짧은뜨기6

10cm 정도 잘라서 귀 연결 위치에 안쪽으로 묶어서 연결한다.

귀와 귀 사이 간격은 8코(12cm)이다.

기호 도안

귀(2개)

단수	코수
6~11단	27
5단	27
4단	27
3단	27
2단	18
1단	9

3. 사각 티슈 케이스

뜨개 기법	사슬뜨기, 짧은뜨기, 늘여뜨기, 이랑뜨기, 빼뜨기
뜨개 바늘	왕코바늘 10mm
뜨개실	리트위스트 XX레이스 (250g) 1볼
샘플 컬러	5008베이지, 5011브라운
완성 크기	높이 14cm, 둘레 56cm

만드는 방법 설명

사각 티슈케이스는 윗부분 입구 부분부터 만들고 아래 방향으로 뜨는 방법입니다.

사슬뜨기 9코, 빼뜨기로 원형고리 모양을 만들고 1단 짧은뜨기 9코는 사슬뜨기 전체를 감싸며 짧은뜨기를 뜹니다.

4단부터는 모서리 부분을 사슬뜨기 2코로 만들며 옆면은 짧은뜨기를 뜹니다.

5단은 이랑뜨기로 경계 부분을 만들어주고 13단까지 짧은뜨기7, 모서리 사슬뜨기2로 코늘림 없이 13단까지 뜹니다.

귀 2개를 만들어 모서리 부분에 안쪽으로 묶으면 완성입니다.

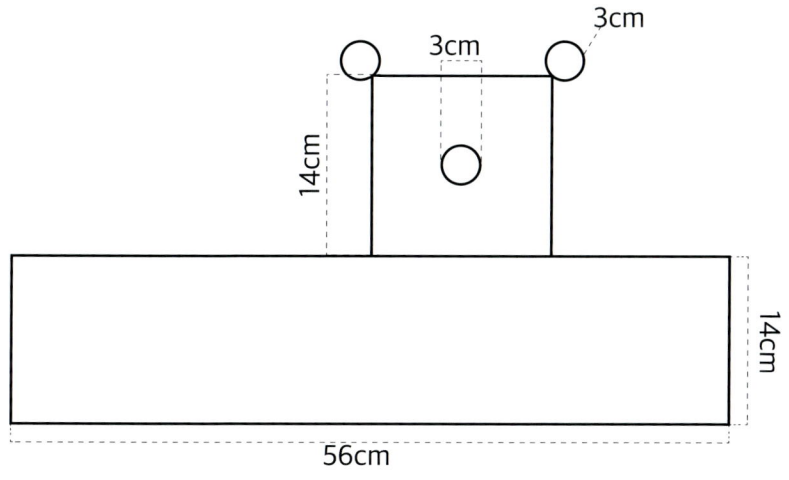

❶ 사각 티슈 케이스

사슬뜨기9, 첫 코에 빼뜨기로 링 모양을 만든다

1단: 사슬뜨기, 사슬뜨기 링 안으로 짧은뜨기9, 빼뜨기 (9코)

2단: 사슬뜨기, 늘여뜨기9, 빼뜨기 (18코)

3단: 사슬뜨기, 짧은뜨기, 늘여뜨기3, (짧은뜨기, 늘여뜨기)×7, 빼뜨기 (28코)

4단: 사슬뜨기, (짧은뜨기7, 사슬뜨기2)×4, 빼뜨기 (36코)

5단: 사슬뜨기, (이랑뜨기7, 사슬뜨기2)×4, 빼뜨기 (36코)

6~13단: (짧은뜨기7, 사슬뜨기2)×4, 빼뜨기 (36코)

❷ 귀 (2개)

1단: 원형코 만들기, 사슬뜨기, 짧은뜨기6

10cm 정도 잘라서 귀 연결 위치에 안쪽으로 묶어서 연결한다.

모서리 꼭지점 부분에 안쪽으로 묶어서 연결한다.

기호 도안

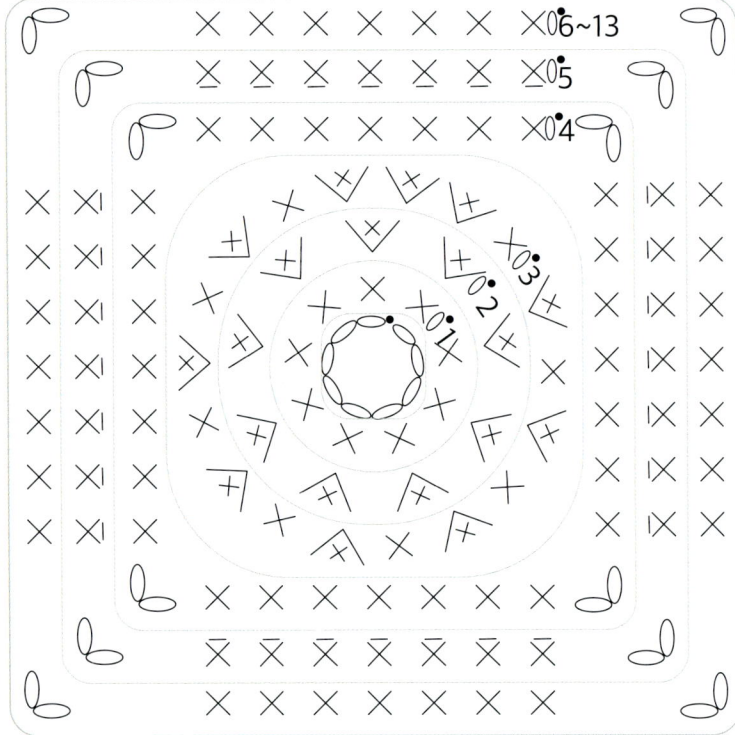

귀(2개)

단수	코수
6~13단	36
5단	36
4단	36
3단	28
2단	18
1단	9

(좌) 사각 티슈 케이스 (우) 원형 티슈 케이스

4. 미니 숄더백

뜨개 기법	사슬뜨기, 짧은뜨기, 늘여뜨기, 모아뜨기, 빼뜨기
뜨개 바늘	왕코바늘 10mm
뜨개실	리트위스트 XX레이스(250g) 1볼
샘플 컬러	5007슈가화이트, 5012네이비블루, 5017베이비블루, 5018터콰이즈, 5019블루
완성사이즈	가로 28cm, 세로 16cm, 끈 길이 70cm

만드는 방법 설명

바닥부터 뜨기를 시작합니다.

바닥 완성 후 코늘림 없이 7단까지 뜨고 양쪽 옆면에서 코를 줄여가며 입구 부분까지 뜹니다.

실을 자르지 않고 사슬뜨기에 빼뜨기를 뜨고 반대쪽 옆면 12단에 묶어서 완성합니다.

도안에서는 사슬뜨기 50코(70cm)이지만 끈 길이는 자유롭게 조절이 가능합니다.

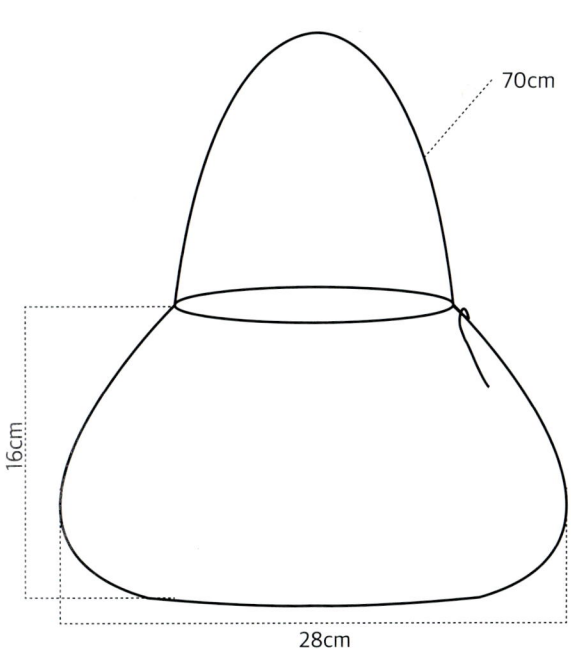

70cm

16cm

28cm

★ 끈 연결 지점

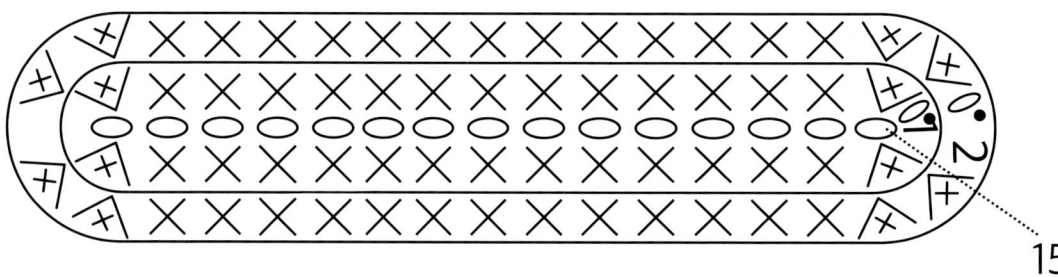

15

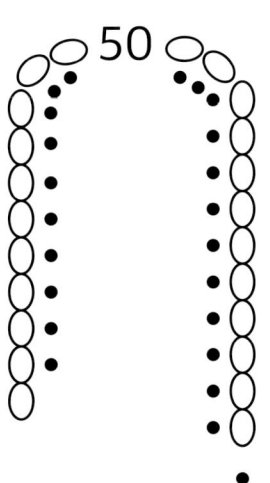

사슬뜨기50
빼뜨기 49

50

단수	코수
12~13단	30
10~11단	34
8~9단	38
3~7단	42
2단	42
1단	34

```
----  ×××× × × 0×       ×  ××××××××× 13
----  ×××× ⋀× × 0×    ⋀× ××××××××× 12
----  ×××× × × ×0×     × ××××××××× 11
----  ×××× × × ⋀ ×0× ⋀ ×××××××× 10
----  ×××× ×× ×× ×0× × ×××××××××× 9
----  ××××× × ⋀ ×0× ⋀ ×××××××××× 8
----  ××××× × ×0× ×××××××××× 7
----  ××××× × ×0× ×××××××××× 6
----  ××××× × ×0× ×××××××××× 5
----  ××××× × ×0× ×××××××××× 4
----  ××××× ×× ×0××××××××××××× 3
```

서술형 도안

❶ 바닥 만들기

1단: 사슬뜨기16(기둥코 1코 포함), 두 번째 사슬코에 늘여뜨기, 짧은뜨기13, 마지막 코에 늘여뜨기2, 사슬 반대쪽으로 짧은뜨기13, 첫 코와 같은 자리에 늘여뜨기 빼뜨기 (34코)

2단: 사슬뜨기, 늘여뜨기2, 짧은뜨기13, 늘여뜨기4, 짧은뜨기13, 늘여뜨기2, 빼뜨기 (42코)

3~7단: 사슬뜨기, 짧은뜨기42, 빼뜨기 (42코)

8단: 사슬뜨기, 짧은뜨기, 모아뜨기, 짧은뜨기15, 모아뜨기, 짧은뜨기2, 모아뜨기, 짧은뜨기15, 모아뜨기, 짧은뜨기, 빼뜨기 (38코)

9단: 사슬뜨기, 짧은뜨기38, 빼뜨기 (38코)

10단: 사슬뜨기, 짧은뜨기, 모아뜨기, 짧은뜨기13, 모아뜨기, 짧은뜨기2, 모아뜨기, 짧은뜨기13, 모아뜨기, 짧은뜨기, 빼뜨기 (34코)

11단: 사슬뜨기, 짧은뜨기34, 빼뜨기 (34코)

12단: 사슬뜨기, 짧은뜨기, 모아뜨기, 짧은뜨기11, 모아뜨기, 짧은뜨기2, 모아뜨기, 짧은뜨기11, 모아뜨기, 짧은뜨기, 빼뜨기 (30코)

13단: 사슬뜨기, 짧은뜨기30, 빼뜨기

❷ 끈 만들기

빼뜨기 1코 끈 만들기 시작 지점으로 이동한다.

사슬뜨기50, 두 번째 사슬부터 사슬 콧등에 빼뜨기49를 뜬다.

실을 10cm 정도 자르고 숨겨준다.

반대쪽 가방 옆면에 12단에 완성한 끈을 통과시켜 튼튼하게 묶어서 완성한다.

끈 길이는 자유롭게 조절이 가능하다.

5. 스트라이프 핸드폰 가방

뜨개 기법	사슬뜨기, 짧은뜨기, 빼뜨기
뜨개 바늘	모사용 코바늘 6/0
뜨개실	코나 (65g) A색 1볼, B색 1볼
샘플 컬러	301백아이보리, 312블랙
완성 크기	높이 17cm, 폭 12cm, 끈 길이 120cm

만드는 방법 설명

A색으로 시작하고 도안을 참고하여 B색으로 배색 패턴으로 뜹니다.

반으로 접어서 옆면과 밑면을 짧은뜨기로 연결하고 돌려서 반대 방향(뒷면) 쪽으로 빼뜨기 하면 깔끔하게 마무리할 수 있습니다.

끈은 이중 사슬뜨기로 120cm 길이로 만들어 접히는 부분에 돗바늘로 연결하고, 반대쪽은 묶어서 끈 길이를 조절합니다.

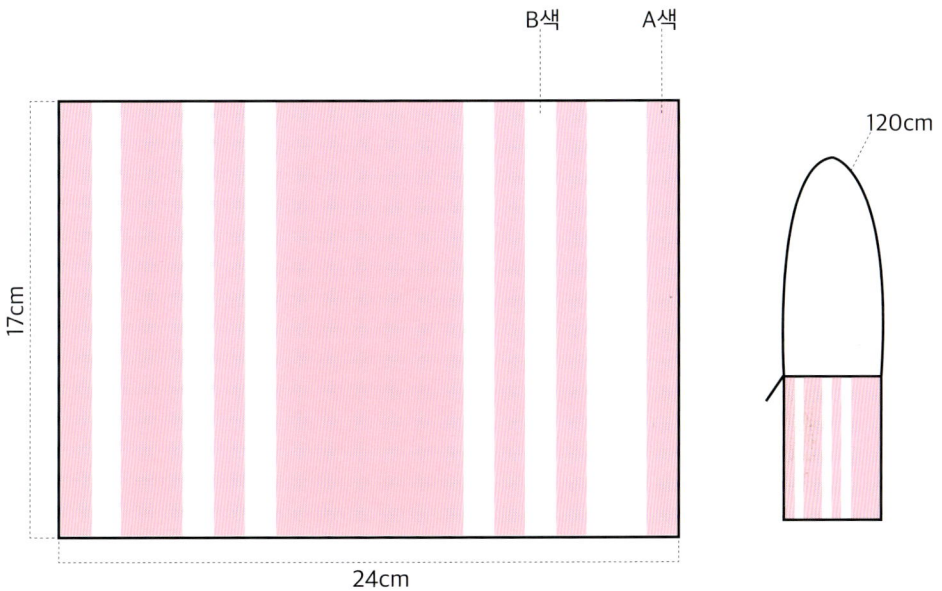

서술형 도안

❶ 가방 만들기 (A색, B색)

평면뜨기로 뜬다.

A색으로 뜨기를 시작하고 B색으로 배색한다.

1단: 사슬뜨기 27(기둥코 1코 포함), 두 번째 사슬코부터 짧은뜨기26

2단: 사슬뜨기, 짧은뜨기 26

3~4단: 사슬뜨기, 짧은뜨기26

5~8단: 사슬뜨기, 짧은뜨기26

9~10단: 사슬뜨기, 짧은뜨기26

11~12단: 사슬뜨기, 짧은뜨기26

13~14단: 사슬뜨기, 짧은뜨기26

15~26단: 사슬뜨기, 짧은뜨기26

27~28단: 사슬뜨기, 짧은뜨기26

29~30단: 사슬뜨기, 짧은뜨기26

31~32단: 사슬뜨기, 짧은뜨기26

33~34단: 사슬뜨기, 짧은뜨기26

35~38단: 사슬뜨기, 짧은뜨기26

39~40단: 사슬뜨기, 짧은뜨기26

기호 도안을 참고하여 배색하며 뜬다.

실을 자르지 않고 끌어올려 뜨면 실 정리가 쉽다.

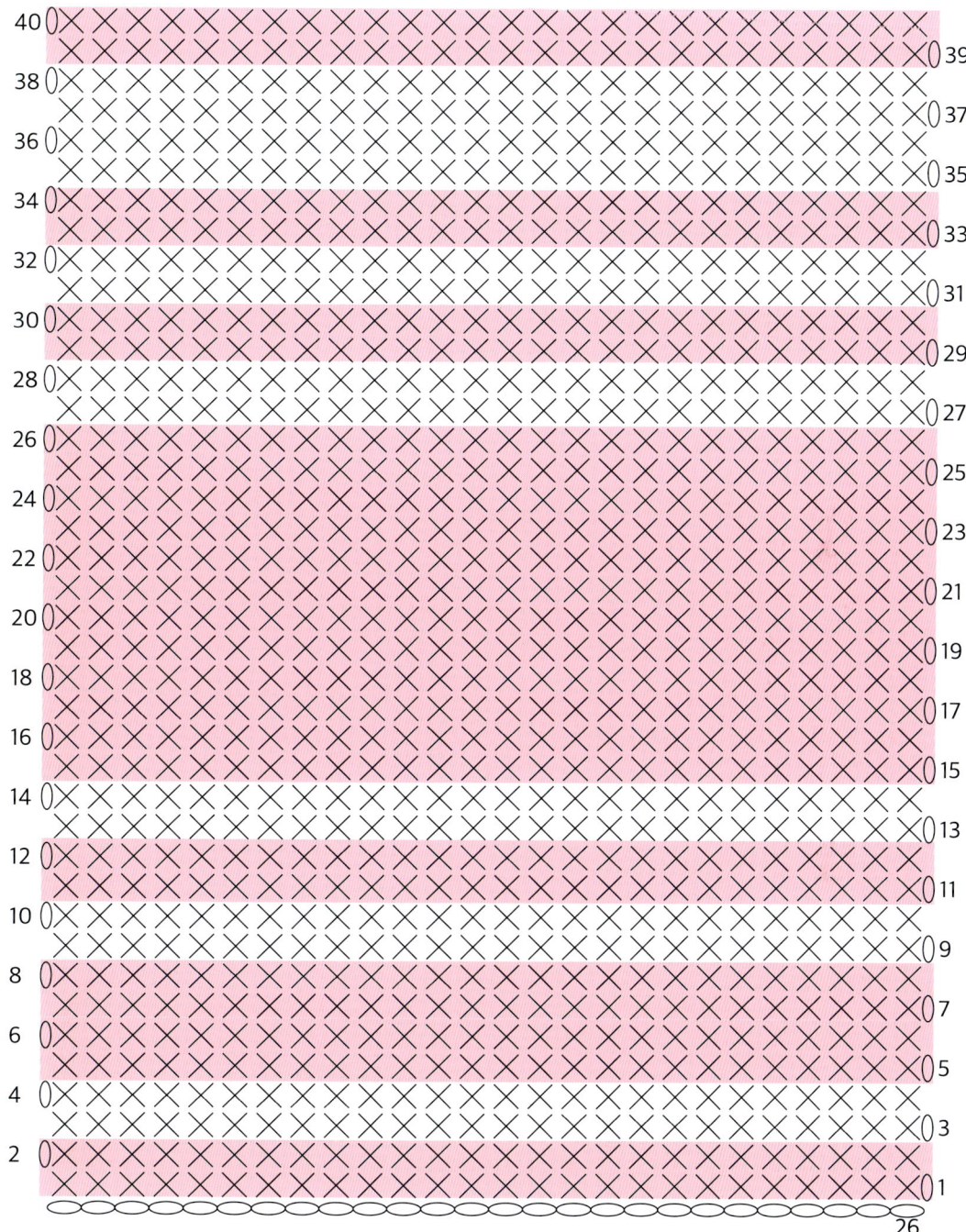

❷ 연결하기 (A색)

완성된 편물을 반으로 접고 새실을 연결하여 짧은뜨기로 옆면과 밑면을 연결한다.
(옆면 짧은뜨기 26코, 밑면 짧은뜨기 20코)
뒷면에 깔끔한 마무리를 위해서 반대 방향으로 모든 코에 빼뜨기로 뜨면서 연결 시작 지점
까지 뜬다.

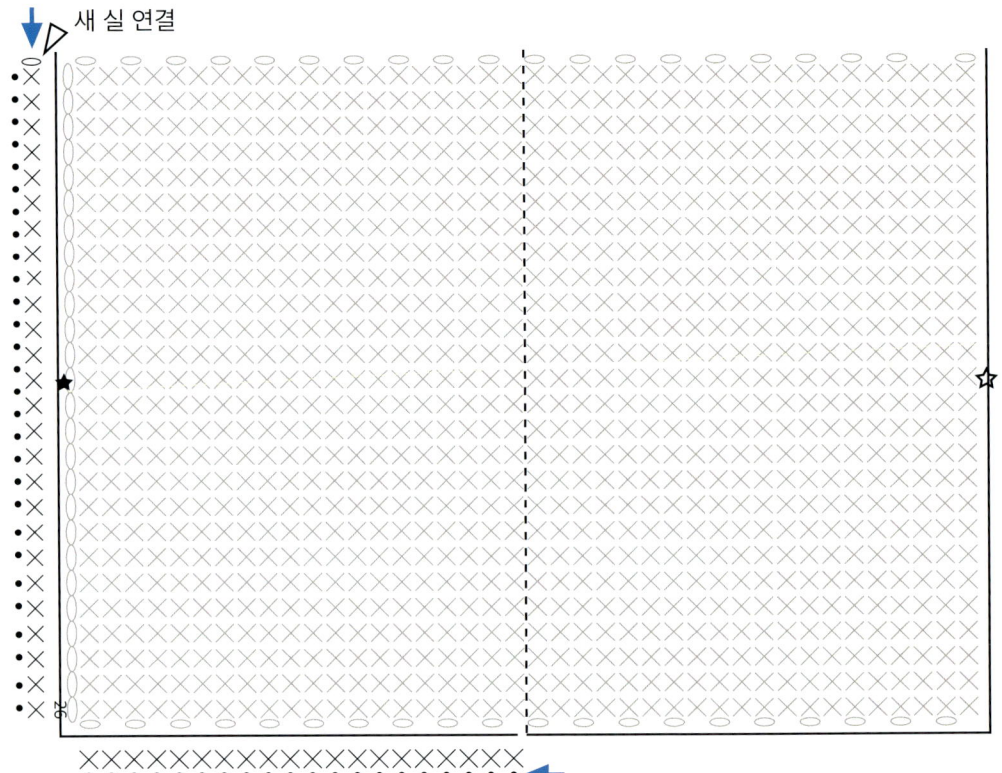

새 실 연결

❸ 끈 만들기 (A색)

이중 사슬뜨기 만들기 (성인 120cm, 어린이 100cm)

5m 실을 앞쪽으로 풀어두고 바늘에 사슬뜨기 기초코를 만든다.

풀어둔 실을 바늘에 앞에서 뒤쪽으로 걸어서 바늘에 걸린 고리 2개를 모두 뜬다.

원하는 길이만큼 반복해서 뜬다.

완성된 끈은 가방의 접히는 부분은 안쪽으로 돗바늘로 연결하고 짧은뜨기 연결한 부분에
매듭으로 묶어서 사용한다.

Net Phone Bag

6. 네트 핸드폰 가방

뜨개 기법	사슬뜨기, 짧은뜨기, 빼뜨기, 늘여뜨기, 한길긴뜨기
뜨개 바늘	모사용 코바늘 6/0
뜨개실	코나 (65g) 가방 A색 1볼, 끈 B색 1볼
샘플 컬러	301백아이보리, 331코발트블루, 342오렌지
완성 크기	높이 15cm, 폭 11cm, 끈 길이 120cm

만드는 방법 설명

A색으로 시작해 바닥부터 뜨기 시작합니다.

옆면은 네트 모양으로 사슬뜨기 5코, 짧은뜨기를 반복하며 뜹니다.

무늬의 일정한 모양을 만들기 위해서 옆면을 뜰 때 각 단의 마지막은 사슬뜨기 2코와 한길긴뜨기로 마무리합니다.

끈은 이중 사슬뜨기로 120cm 만들어 가방의 양쪽 끝에 묶어서 끈 길이를 조절합니다.

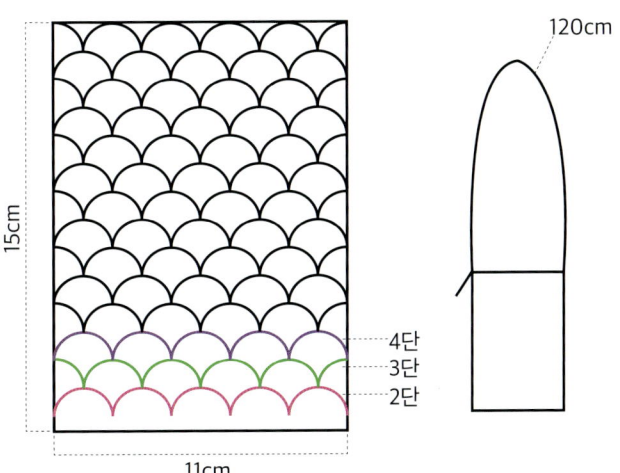

1 가방 만들기

1단: 사슬뜨기14(기둥코 1코 포함), 두 번째 사슬코에 늘여뜨기, 짧은뜨기11, 마지막코에 늘여뜨기2, 사슬 반대쪽으로 짧은뜨기11, 첫 코와 같은 자리에 늘여뜨기, 빼뜨기 (30코)

2단: 사슬뜨기, 짧은뜨기, (사슬뜨기5, 2코 건너띄우고 짧은뜨기)×9, 사슬뜨기2, 한길긴뜨기

3~15단: (사슬뜨기5, 짧은뜨기)×9, 사슬뜨기2, 한길긴뜨기

16단: (사슬뜨기3, 짧은뜨기)×9, 사슬뜨기3, 빼뜨기

기호 도안

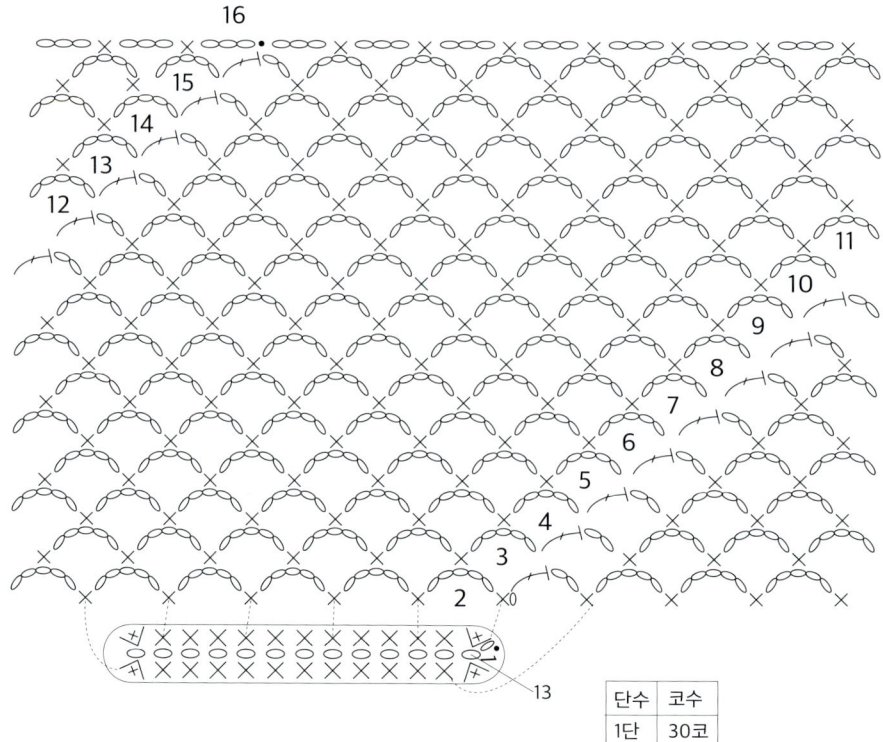

단수	코수
1단	30코

2 끈 만들기 (B색)

이중 사슬뜨기 만들기 (성인 120cm, 어린이 100cm)

5m 실을 앞쪽으로 풀어두고 바늘에 사슬뜨기 기초코를 만든다.

풀어둔 실을 바늘 앞에서 뒤쪽으로 걸어서 바늘에 걸린 고리 2개를 모두 뜬다.

원하는 길이만큼 반복해서 뜬다.

가방의 양쪽 끝에 매듭을 묶어 완성한다.

7. 테블릿 파우치

뜨개 기법	사슬뜨기, 짧은뜨기, 늘여뜨기, 모아뜨기, 한길긴뜨기, 한길긴뜨기 늘여뜨기, 빼뜨기
뜨개 바늘	모사용 코바늘 6/0
뜨개실	밀키코튼 블루라벨 (100g) 파우치 A색 2볼, 스마일 B색 1볼
샘플 컬러	C19검정, C22노랑
완성 크기	높이 28cm, 넓이 24cm

만드는 방법 설명

A색으로 바닥부터 50단까지 같은 코수로 뜹니다.

51단 마지막 빼뜨기로 파우치 중심을 확인하고 잠금 고리를 사슬뜨기 20코로 만듭니다.

스마일은 B색으로 원형뜨기 12코로 시작합니다.

스마일 모양을 만들 때 기둥코 부분이 숨겨지게 뜨는 방법으로, 한길긴뜨기 기둥코는 2코로 뜨고 코를 셀 때 코수로 포함하지 않습니다.

각 단의 마지막코 빼뜨기는 한길긴뜨기 첫 코 머리코에 빼뜨기 합니다.

완성 후 가방의 중심에 핀으로 표시하고 스마일 연결 후 눈과 입을 만들어줍니다.

B색으로 만든 뜨개 단추도 뒷부분에 돗바늘로 연결하고 사슬 고리에 걸어서 사용합니다.

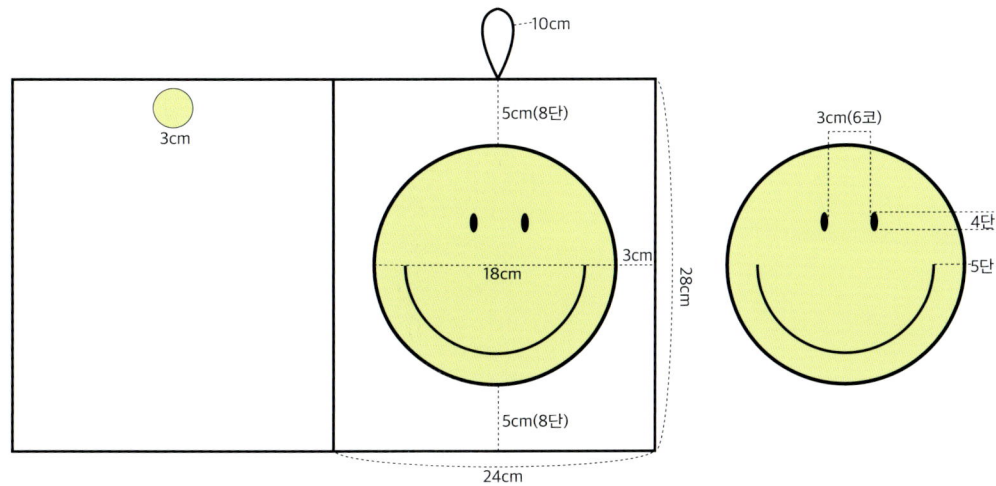

1 파우치 만들기 (A색)

1단: 사슬뜨기41(기둥코 1코 포함), 두 번째 사슬코에 늘여뜨기, 짧은뜨기38, 마지막코에 늘여뜨기2, 사슬 반대쪽으로 짧은뜨기38, 첫 코와 같은 자리에 늘여뜨기, 빼뜨기(84코)

2~50단: 사슬뜨기, 짧은뜨기84, 빼뜨기

파우치의 중심을 확인하고 코막음 핀으로 표시한 후, 삐뜨기의 위치가 길어지게 되면 개인 차에 따라 사슬 고리의 위치를 파우치의 중심으로 조절할 수 있다.

51단: 빼뜨기30, 사슬뜨기20, 빼뜨기54

기호 도안

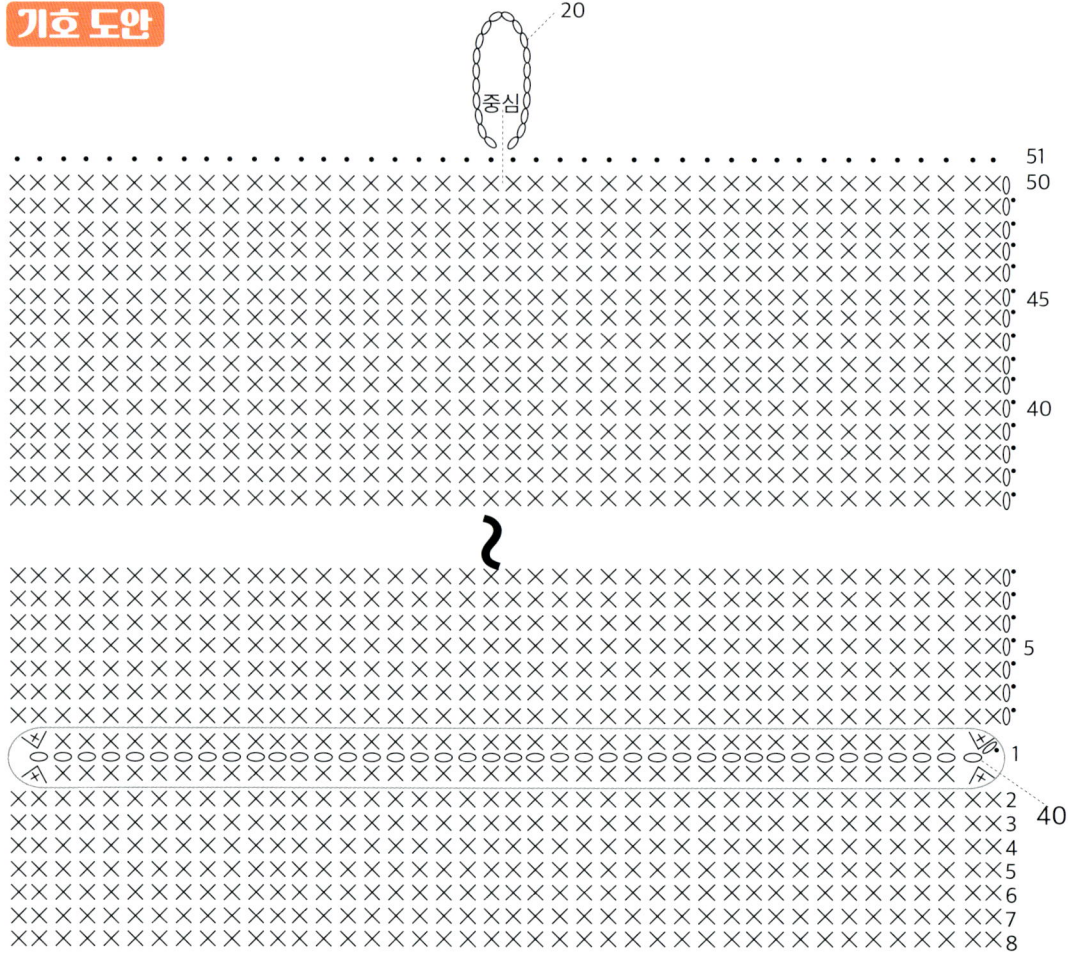

❷ **빅 스마일 패치 만들기 (B색)**

2단부터 사슬뜨기 2코는 기둥고지만 한 코로 세지 않는다.

1단: 매직링 만들기, 사슬뜨기3, 한길긴뜨기11, 빼뜨기 (12코)

2단: 사슬뜨기2, 한길긴뜨기 늘여뜨기12, 빼뜨기 (24코)

3단: 사슬뜨기2, (한길긴뜨기, 한길긴뜨기 늘여뜨기)×12, 빼뜨기 (36코)

4단: 사슬뜨기2, (한길긴뜨기2, 한길긴뜨기 늘여뜨기)×12, 빼뜨기 (48코)

5단: 사슬뜨기2, (한길긴뜨기3, 한길긴뜨기 늘여뜨기)×12, 빼뜨기 (60코)

6단: 사슬뜨기2, 한길긴뜨기2, (한길긴뜨기 늘여뜨기, 한길긴뜨기4)×11, 한길긴뜨기 늘여뜨기, 한길긴뜨기2, 빼뜨기 (72코)

7단: 사슬뜨기2, (한길긴뜨기5, 한길긴뜨기 늘여뜨기)×12, 빼뜨기 (84코)

8단: 사슬뜨기2, 한길긴뜨기3, (한길긴뜨기 늘여뜨기, 한길긴뜨기6)×11 , 한길긴뜨기 늘여뜨기, 한길긴뜨기3, 빼뜨기 (96코)

완성 후 파우치 가운데 부분에 중심을 잘 확인하고 돗바늘로 연결한다.

❸ **스마일 얼굴 수놓기 (A색)**

돗바늘로 4단에 6코 간격으로 눈을 만들고, 5단에 입을 수놓는다.

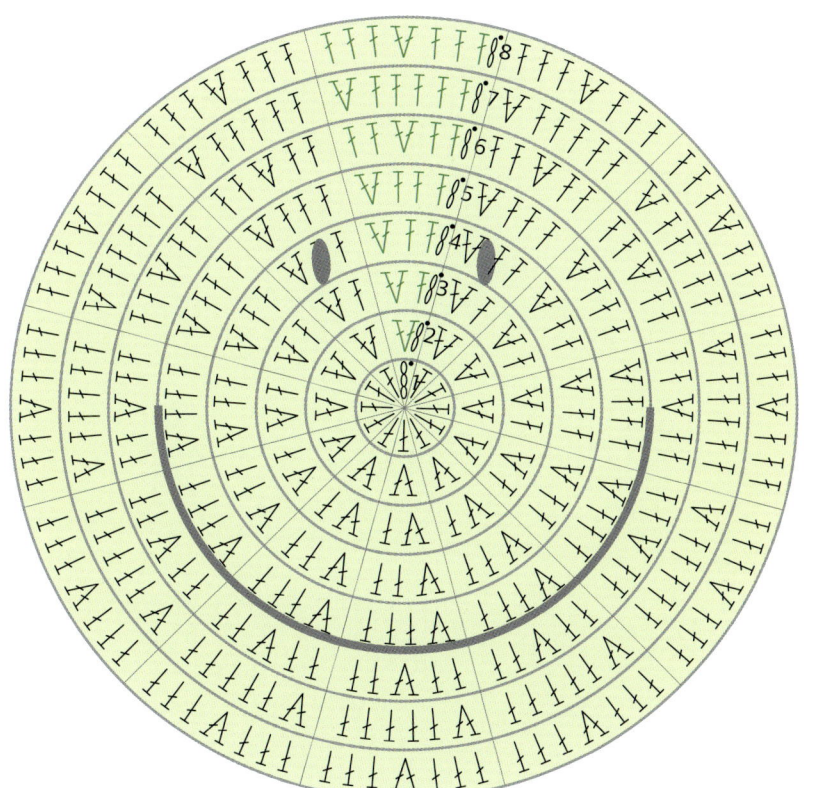

단수	코수
8단	96
7단	84
6단	72
5단	60
4단	48
3단	36
2단	24
1단	12

❹ 뜨개 단추 만들기 (B색)

1단: 매직링 만들기, 사슬뜨기, 짧은뜨기6, 빼뜨기 (6코)

2단: 사슬뜨기, 늘여뜨기6, 빼뜨기 (12코)

3단: 사슬뜨기, 짧은뜨기12, 빼뜨기 (12코)

4단: 사슬뜨기, 모아뜨기6, 빼뜨기 (6코)

30cm 정도 실을 남기고 잘라 파우치에 연결하면 실 정리가 쉽다.

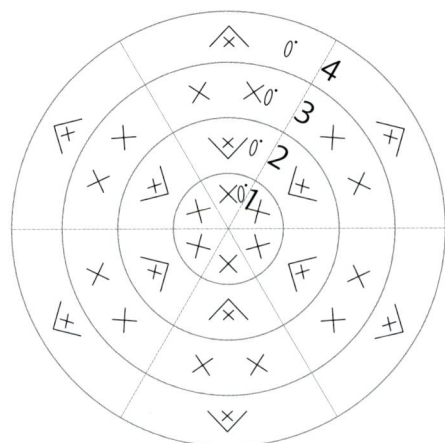

단수	코수
4단	6
3단	12
2단	12
1단	6

8. 블루투스 이어폰 파우치

뜨개 기법	사슬뜨기, 짧은뜨기, 늘여뜨기, 한길긴뜨기, 한길긴뜨기 5코 구슬뜨기, 빼뜨기
뜨개 바늘	모사용 코바늘 5/0
뜨개실	밀키코튼 레드라벨 (50g) 파우치 A색 1볼, 스마일 B색 1볼
샘플 컬러	02검정, 20노랑
완성 크기	높이 12cm, 넓이 9cm, 조임끈 16cm

만드는 방법 설명

A색으로 바닥부터 시작해서 파우치를 만들고 네트 모양으로 조임 부분을 만듭니다.

B색 스마일을 파우치에 돗바늘로 연결하고 눈과 입을 만들어줍니다.

사슬뜨기로 끈을 만들어 파우치 네트 모양에 통과시켜 엮어주고 양 끝에 방울을 만들어줍니다.

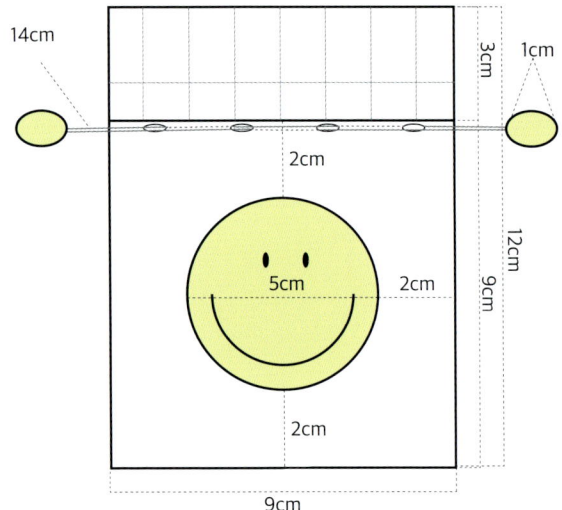

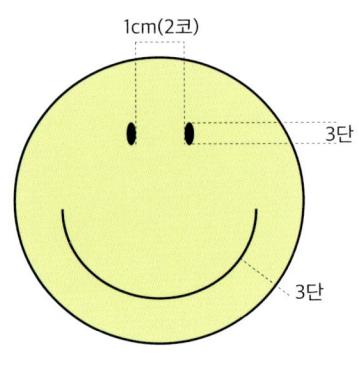

① 에어팟 파우치 (A색)

1단: 사슬뜨기15(기둥코 1코 포함), 두 번째 사슬코에 늘여뜨기, 짧은뜨기12, 마지막코에 늘여뜨기2, 사슬 반대쪽으로 짧은뜨기12, 첫 코와 같은 자리에 늘여뜨기, 빼뜨기 (32코)

2단: 사슬뜨기, 늘여뜨기2, 짧은뜨기12, 늘여뜨기4, 짧은뜨기12, 늘여뜨기2, 빼뜨기 (40코)

3~18단: 사슬뜨기, 짧은뜨기40, 빼뜨기

19단: 사슬뜨기, (짧은뜨기3, 사슬뜨기2)×8, 빼뜨기

20~22단: 사슬뜨기4, (한길긴뜨기, 사슬뜨기)×15, 빼뜨기

기호 도안

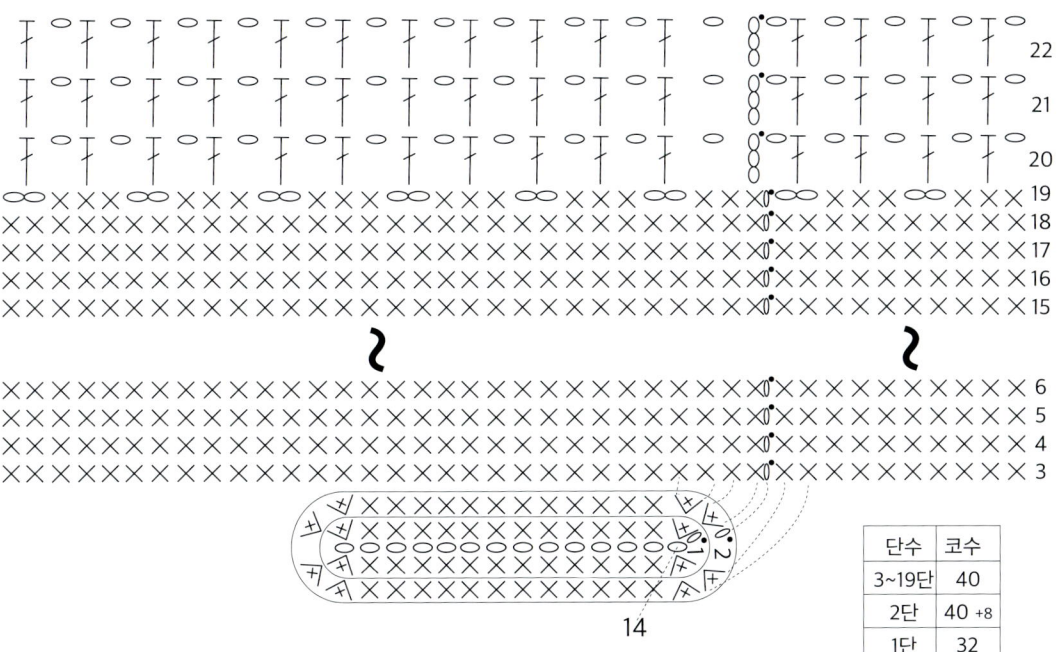

14

단수	코수
3~19단	40
2단	40 +8
1단	32

❷ 스마일 패치 만들기 (B색)

1단: 매직링 만들기, 사슬뜨기, 짧은뜨기6, 빼뜨기 (6코)

2단: 사슬뜨기, 늘여뜨기6, 빼뜨기 (12코)

3단: 사슬뜨기, (짧은뜨기, 늘여뜨기)×6, 빼뜨기 (18코)

4단: 사슬뜨기, (짧은뜨기2, 늘여뜨기)×6, 빼뜨기 (24코)

5단: 사슬뜨기, (짧은뜨기2, 늘여뜨기)×8, 빼뜨기 (32코)

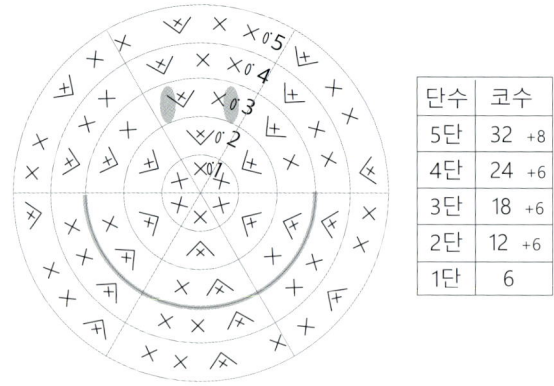

단수	코수	
5단	32	+8
4단	24	+6
3단	18	+6
2단	12	+6
1단	6	

❸ 스마일 얼굴 수놓기 (A색)

돗바늘로 3단에 2코 간격으로 눈을 만들고, 3단에 입을 수놓는다.

❹ 끈 만들기 (A색)

사슬뜨기 43코로 2줄을 만든다.

19단 사슬뜨기 구멍에 옆면에서 교차로 엮으며 처음 시작 지점으로 돌아오게 한다.

나머지 한 줄은 반대 방향에서 시작해서 밖으로 보이는 끈을 같은 위치에 엮어 처음 시작 지점으로 오게 한다.

파우치 양 끝으로 나온 2줄을 잡고 당기면 복주머니처럼 조여진다.

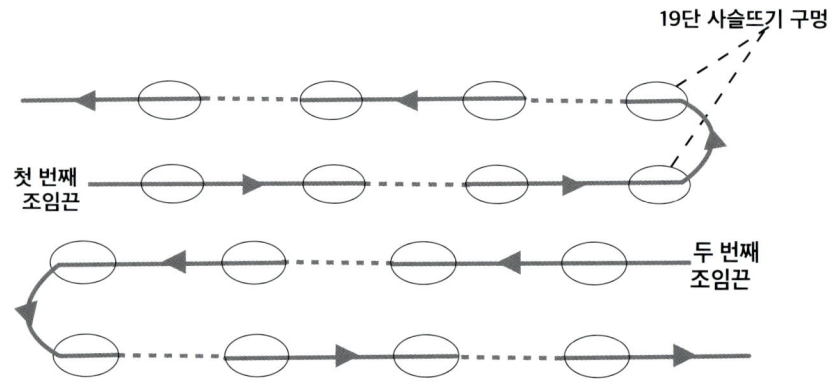

❺ 끈 방울 만들기 (B색)

양 끝으로 나와 있는 사슬뜨기 2줄 끝 코에 바늘을 통과시켜 시작한다.

(사슬뜨기3, 한길긴뜨기 5코 구슬뜨기, 사슬뜨기3, 한길긴뜨기 5코 구슬뜨기)

실을 30cm 정도 잘라서 구슬뜨기 2개를 반으로 접어서 방울 모양으로 잡아준 다음 돗바늘로 고정해준다.

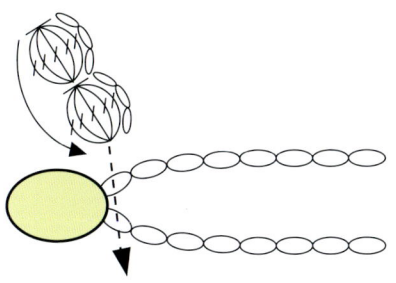

**반으로 접어
돗바늘을 사용하여
방울 모양을 만든다.**

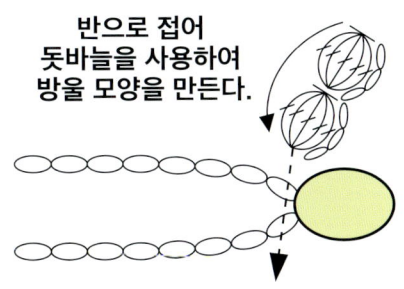

9. 인테리어 선인장 쿠션

뜨개 기법	사슬뜨기, 짧은뜨기, 늘여뜨기, 모아뜨기, 빼뜨기
사용바늘	모사용 코바늘 6/0
뜨개실	필트위스트 체이니코튼 또는 필트위스트 체이니코튼 케이크 (250g), 솜 (100g)
샘플 컬러	7015그린, 7542카니발, 7548롤리팝, 7533내츄럴
완성사이즈	높이 33cm, 넓이 28cm

만드는 방법 설명

선인장 아랫 부분부터 평면뜨기로 시작합니다.

16단까지 뜨고 17단에서 사슬뜨기를 떠서 작은 선인장 팔을 아래쪽에 만들고 실을 잘라줍니다.

29단에서 새 실을 연결하여 위쪽 선인장 팔을 같은 방법으로 뜹니다.

다시 새 실을 연결하여 선인장 윗부분 마지막 단까지 뜹니다.

같은 모양 2개를 만들어 두 장을 겹쳐서 전체 가장자리 부분을 짧은뜨기로 연결합니다.

안쪽을 솜으로 채우고 통통한 모양을 만들어 인테리어용 선인장 쿠션으로 사용합니다.

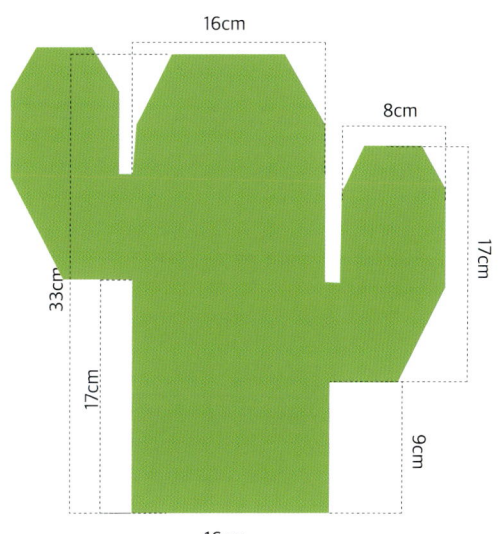

서술형 도안

❶ 인테리어 선인장 (2장)

평면뜨기로 뜬다.

괄호 안의 단수는 선인장 양쪽 팔 부분 단수이다.

A부터 뜨기 시작한다.

1단: 사슬뜨기25, 두 번째 사슬부터 짧은뜨기24 (24코)

2~16단: 사슬뜨기, 짧은뜨기24 (24코)

17(1)단: 사슬뜨기9, 두 번째 사슬부터 짧은뜨기8, 짧은뜨기24 (32코)

18(2)단: 사슬뜨기, 짧은뜨기31, 늘여뜨기 (33코)

19(3)단: 사슬뜨기, 짧은뜨기33 (33코)

20(4)단: 사슬뜨기, 짧은뜨기32, 늘여뜨기 (34코)

21(5)단: 사슬뜨기, 짧은뜨기34 (34코)

22(6)단: 사슬뜨기, 짧은뜨기33, 늘여뜨기 (35코)

23(7)단: 사슬뜨기, 짧은뜨기35 (35코)

24(8)단: 사슬뜨기, 짧은뜨기34, 늘여뜨기 (36코)

25(9)단: 사슬뜨기, 짧은뜨기36 (36코)

26(10)단: 사슬뜨기, 짧은뜨기35, 늘여뜨기 (37코)

27(11)단: 사슬뜨기, 짧은뜨기37 (37코)

28(12)단: 사슬뜨기, 짧은뜨기36, 늘여뜨기 (38코)

29(13)~(22)단 : 사슬뜨기, 짧은뜨기12 (12코)

(23)단: 사슬뜨기, 모아뜨기, 짧은뜨기8, 모아뜨기 (10코)

(24)단: 사슬뜨기, 짧은뜨기10 (10코)

(25)단: 사슬뜨기, 모아뜨기, 짧은뜨기6, 모아뜨기 (8코)

(26)단: 사슬뜨기, 짧은뜨기8 (8코)

(27)단: 사슬뜨기, 모아뜨기, 짧은뜨기4, 모아뜨기 (6코)

(28)단: 사슬뜨기, 짧은뜨기 (6코)

10cm 정도 실을 자른다.

B 부분은 새 실을 연결해서 뜬다.

29단: 사슬뜨기, 짧은뜨기24, 사슬뜨기9 (24코)

30(1)단: 두 번째 사슬부터 짧은뜨기8, 짧은뜨기24 (32코)

31(2)단: 사슬뜨기, 짧은뜨기31, 늘여뜨기 (33코)

32(3)단: 사슬뜨기, 짧은뜨기33 (33코)

33(4)단: 사슬뜨기, 짧은뜨기32, 늘여뜨기 (34코)

34(5)단: 사슬뜨기, 짧은뜨기34 (33코)

35(6)단: 사슬뜨기, 짧은뜨기33, 늘여뜨기 (35코)

36(7)단: 사슬뜨기, 짧은뜨기35 (35코)

37(8)단: 사슬뜨기, 짧은뜨기34, 늘여뜨기 (36코)

38(9)단: 사슬뜨기, 짧은뜨기36 (36코)

39(10)단: 사슬뜨기, 짧은뜨기35, 늘여뜨기 (37코)

40(11)단: 사슬뜨기, 짧은뜨기37 (37코)

41(12)단: 사슬뜨기, 짧은뜨기36, 늘여뜨기 (38코)

(13)~(21)단: 사슬뜨기, 짧은뜨기12 (12코)

(22)단: 사슬뜨기, 모아뜨기, 짧은뜨기8, 모아뜨기 (10코)

(23)단: 사슬뜨기, 짧은뜨기10 (10코)

(24)단: 사슬뜨기, 모아뜨기, 짧은뜨기6, 모아뜨기 (8코)

(25)단⊟: 사슬뜨기, 짧은뜨기8 (8코)

(26)단: 사슬뜨기, 모아뜨기, 짧은뜨기4, 모아뜨기 (6코)

(27)단: 사슬뜨기, 짧은뜨기 (6코)

10cm 정도 실을 자른다.

C 부분은 새 실을 연결해서 뜬다.

42~46단: 사슬뜨기, 짧은뜨기24 (24코)

47단: 사슬뜨기, 모아뜨기, 짧은뜨기20, 모아뜨기 (22코)

48단: 사슬뜨기, 짧은뜨기22 (22코)

47단: 사슬뜨기, 모아뜨기, 짧은뜨기18, 모아뜨기 (20코)

48단: 사슬뜨기, 짧은뜨기20 (20코)

47단: 사슬뜨기, 모아뜨기, 짧은뜨기16, 모아뜨기 (18코)

48단: 사슬뜨기, 짧은뜨기18 (18코)

47단: 사슬뜨기, 모아뜨기, 짧은뜨기14, 모아뜨기 (16코)

48단: 사슬뜨기, 짧은뜨기16 (16코)

47단: 사슬뜨기, 모아뜨기, 짧은뜨기12, 모아뜨기 (14코)

48단: 사슬뜨기, 짧은뜨기14 (14코)

10cm 정도 실을 자른다.

실 자르기 ◀

새 실 연결하기 ◁

■ = ✕

24

❷ 선인장 연결하면서 솜 넣기

선인장 아래쪽부터 두 장을 맞잡고 짧은뜨기를 뜨면서 연결한다.

한 코에 한 코씩 연결하며 한쪽 팔이 연결이 되면 먼저 솜을 적당히 채운다.

이어서 계속 연결하면서 반대쪽 팔도 연결이 완성되면 솜을 채우고 아랫면이 남았을 때 몸통 전체 부분에도 솜을 채운다.

아랫면까지 연결하면 완성이다.

10. 벚꽃 수세미

뜨개 기법	사슬뜨기, 짧은뜨기, 한길긴뜨기, 빼뜨기, 한길긴뜨기 3코 넣어 뜨기
뜨개 바늘	모사용 코바늘 6/0
뜨개실	버블퀸 수세미 (100g)
샘플 컬러	03아이보리, 10인디언베이비, 11리빙코랄, 21락핑크
완성 크기	가로 12cm

만드는 방법 설명

벚꽃의 중심 부분을 2단까지 2장을 뜹니다.

첫 번째 중심 모티브에 6코 두 번째 중심 모티브에 6코를 원형 모양으로 4단까지 뜨면 꽃잎 1장이 완성되고 실을 잘라줍니다.

두 번째 꽃잎은 완성된 꽃잎을 오른쪽으로 두고 뜨기 시작합니다.

같은 방법으로 5장의 꽃잎을 완성하고, 돗바늘로 구멍을 마무리합니다.

12cm

① **수세미 중심 원형뜨기 (2장)**

1단: 원형코 만들기, 사슬뜨기, 짧은뜨기10, 빼뜨기 (10코)

2단: 사슬뜨기3, 같은 자리에 한길긴뜨기 2코 늘여뜨기, 한길긴뜨기 3코 늘여뜨기9, 빼뜨기 (30코)

– 완성된 2장의 원형 모티브의 뒤와 뒤를 맞대고, 6코씩 원형뜨기로 꽃잎을 한 장씩 뜬다.

② **꽃잎 뜨기 (5장)**

– 기호 도안을 참고하여 꽃잎 1단은 첫 번째 원형 모티브에 6코를 먼저 뜨고 두 번째 원형 모티브에 6코를 뜬다.

1단: 사슬뜨기3, 한길긴뜨기 늘여뜨기, (한길긴뜨기, 한길긴뜨기 늘여뜨기)×5, 빼뜨기 (18코)

2단: 사슬뜨기3, 한길긴뜨기, 한길긴뜨기 늘여뜨기, (한길긴뜨기2, 한길긴뜨기 늘여뜨기)×5, 빼뜨기 (24코)

3단: 사슬뜨기3, 한길긴뜨기23, 빼뜨기 (24코)

4단: 사슬뜨기2, 한길긴뜨기 모아뜨기, 한길긴뜨기 3코 모아뜨기7, 빼뜨기 (8코)

③ **마무리**

꽃잎 완성 후 10cm 정도 실을 자르고 돗바늘로 구멍을 마무리한다.

기호 도안

1번째 꽃잎 도안 (같은 방법으로 5장 만들기)

11. 리트위스트 빅백

뜨개 기법	사슬뜨기, 짧은뜨기, 늘여뜨기, 빼뜨기
뜨개 바늘	모사용 코바늘 6/0
뜨개실	리트위스트 체이니코튼 (250g) 3볼
샘플 컬러	7001화이트, 7007슈가화이트
완성 크기	높이 32cm, 가방 둘레 96cm, 끈 길이 40cm

만드는 방법 설명

가방 바닥을 평면뜨기로 뜨고 실을 자르지 않고 옆면을 이어서 뜹니다.

바닥 4개 모서리 부분 시작코와 마지막코는 늘여뜨기로 떠야 합니다.

옆면은 빼뜨기 없이 회오리처럼 돌면서 끝까지 뜨는 방법인데 시작코를 찾기 힘든 초보도 가장 쉽게 가방을 완성할수 있습니다.

가방끈도 빼뜨기 없이 회오리뜨기 방법으로 2개를 만듭니다.

바닥 부분을 바닥에 평평하게 놓고 중심을 확인한 다음 가방끈의 위치를 핀으로 표시한 뒤, 끈 양 끝 2cm를 가방 안쪽으로 고정하여 돗바늘로 튼튼하게 연결합니다.

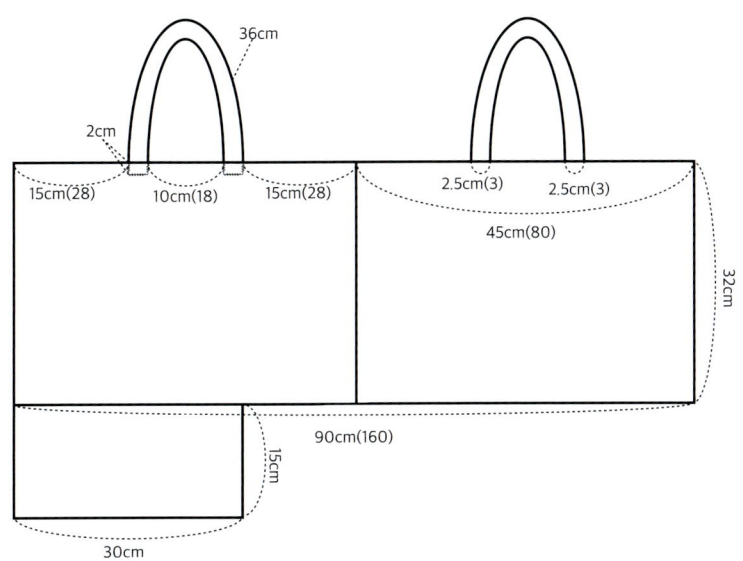

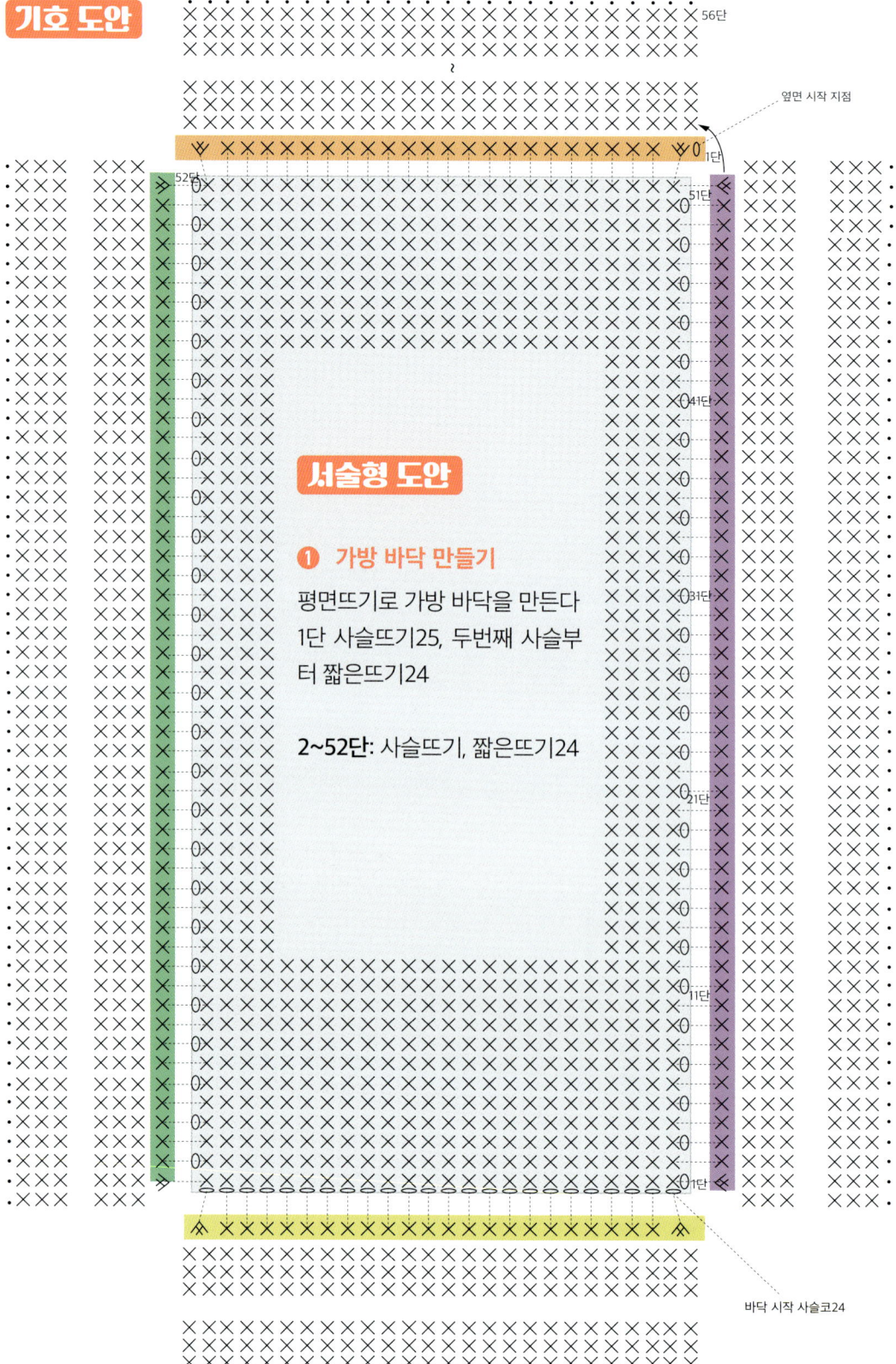

56단

옆면 시작 지점

52단

51단

41단

서술형 도안

❶ 가방 바닥 만들기

평면뜨기로 가방 바닥을 만든다
1단 사슬뜨기25, 두번째 사슬부
터 짧은뜨기24

2~52단: 사슬뜨기, 짧은뜨기24

31단

21단

11단

1단

바닥 시작 사슬코24

❷ 옆면 뜨기

1단: 사슬뜨기, 늘여뜨기, 짧은뜨기22, 늘여뜨기
늘여뜨기, 짧은뜨기50, 늘여뜨기
늘여뜨기, 짧은뜨기22, 늘여뜨기
늘여뜨기, 짧은뜨기50, 늘여뜨기

1단의 첫 코에 2단 짧은뜨기를 이어서 뜬다.

빼뜨기 없이 회오리 뜨기로 56단까지 뜨면 된다. (첫 코에 단수링)

2~56단: 짧은뜨기160

57단: 빼뜨기160

첫 단에 걸어놓은 단수링 위치로 마지막 단에서 마무리하면 된다.

❸ 끈 만들기 (2개)

가방끈 시작 전후 40cm 정도 여유의 실을 남겨두고 뜨기를 시작하면 가방에 연결할 때 실
정리가 쉽다.

1단: 사슬뜨기8, 첫 코에 빼뜨기, 사슬뜨기, 짧은뜨기8

2단: 1단의 첫 코에 이어서 짧은뜨기를 뜬다.
　　　 빼뜨기 없이 회오리 뜨기로 가방끈 길이만큼 뜬다.
　　　 2단을 뜬 뒤 코의 모양이 뒤집어지지 않게 이어서 뜬다.

2~55단: 짧은뜨기8

빼뜨기로 마무리한다.

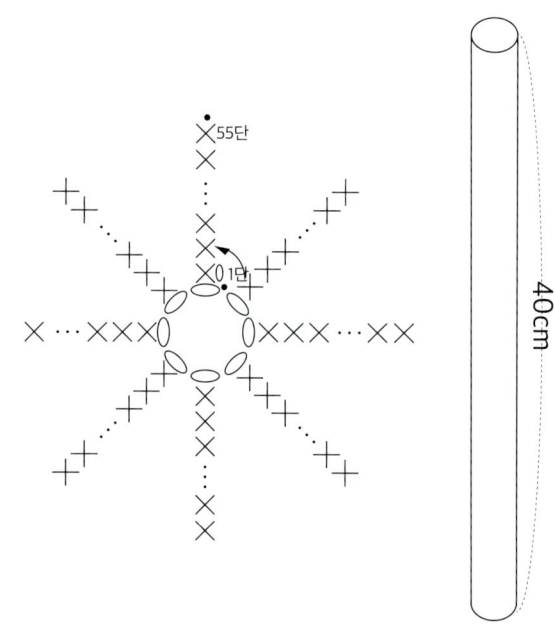

12. 세로 스트라이프 빅백

뜨개 기법	사슬뜨기, 짧은뜨기, 늘여뜨기, 빼뜨기
뜨개 바늘	모사용 코바늘 6/0 (*다른 준비물: 일반 바늘, 퀼팅실, 70cm 가죽끈)
뜨개실	코나 (65g), A색 4볼, B색 6볼
샘플 컬러	307백아이보리, 332진머스타드
완성 크기	높이 35cm, 가방 넓이 37cm

만드는 방법 설명

A, B색을 배색하며 평면뜨기로 가방을 뜹니다.

가방 앞, 뒷면 바닥을 직사각형 긴 모양으로 한 장 뜹니다. (37×70cm)

B색 실로 사슬뜨기를 중심에 떠서 평면뜨기와 반원 만들기 방법을 이용하여 같은 모양 2장을 뜹니다.

배색뜨기를 한 가방 전체 면과 옆면을 빼뜨기로 연결합니다.

가죽끈은 가방에 튼튼하게 바느질합니다.

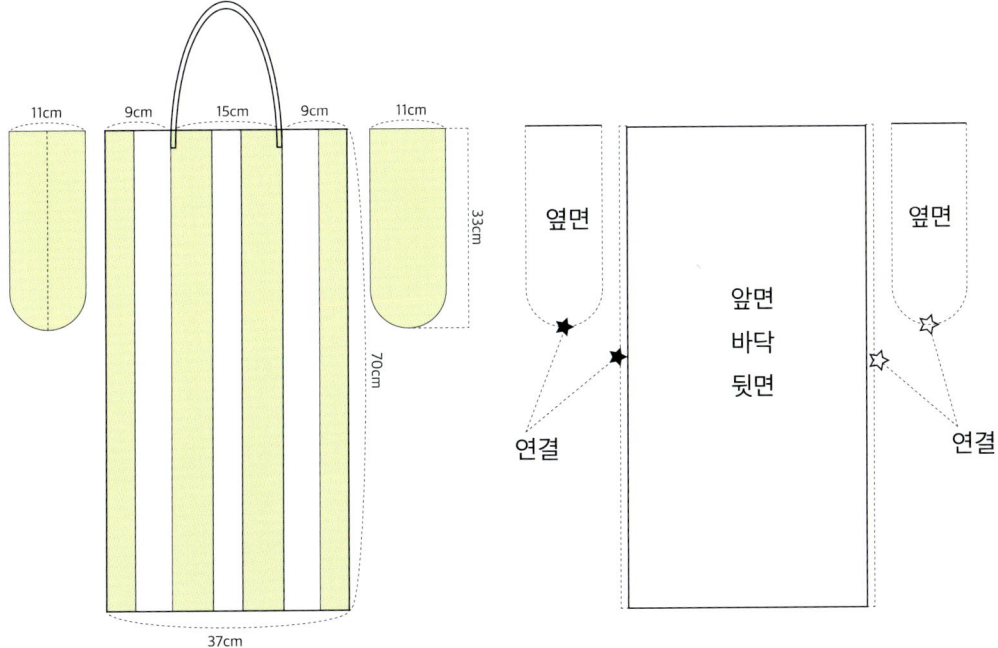

❶ 가방 앞, 뒤, 바닥면 (1장)

편물을 돌려가며 뜨는 평면뜨기로 뜬다.

B색으로 뜨기를 시작하고, 배색이 바뀔 때마다 실을 자른다.

1단: 사슬뜨기113, 두 번째 사슬코부터 짧은뜨기112

2~8단: B색, 짧은뜨기112 (7단)

9~18단: A색, 짧은뜨기112 (10단)

19~30단: B색, 짧은뜨기112 (12단)

31~38단: A색, 짧은뜨기112 (8단)

39~50단: B색, 짧은뜨기112 (12단)

51~60단: A색, 짧은뜨기112 (10단)

61~68단: B색, 짧은뜨기112 (8단)

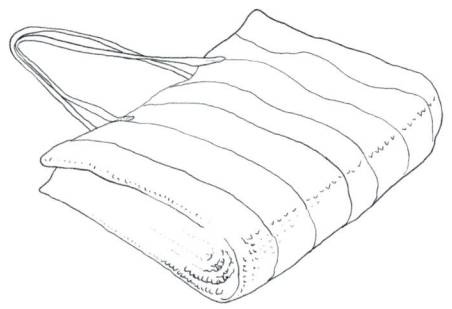

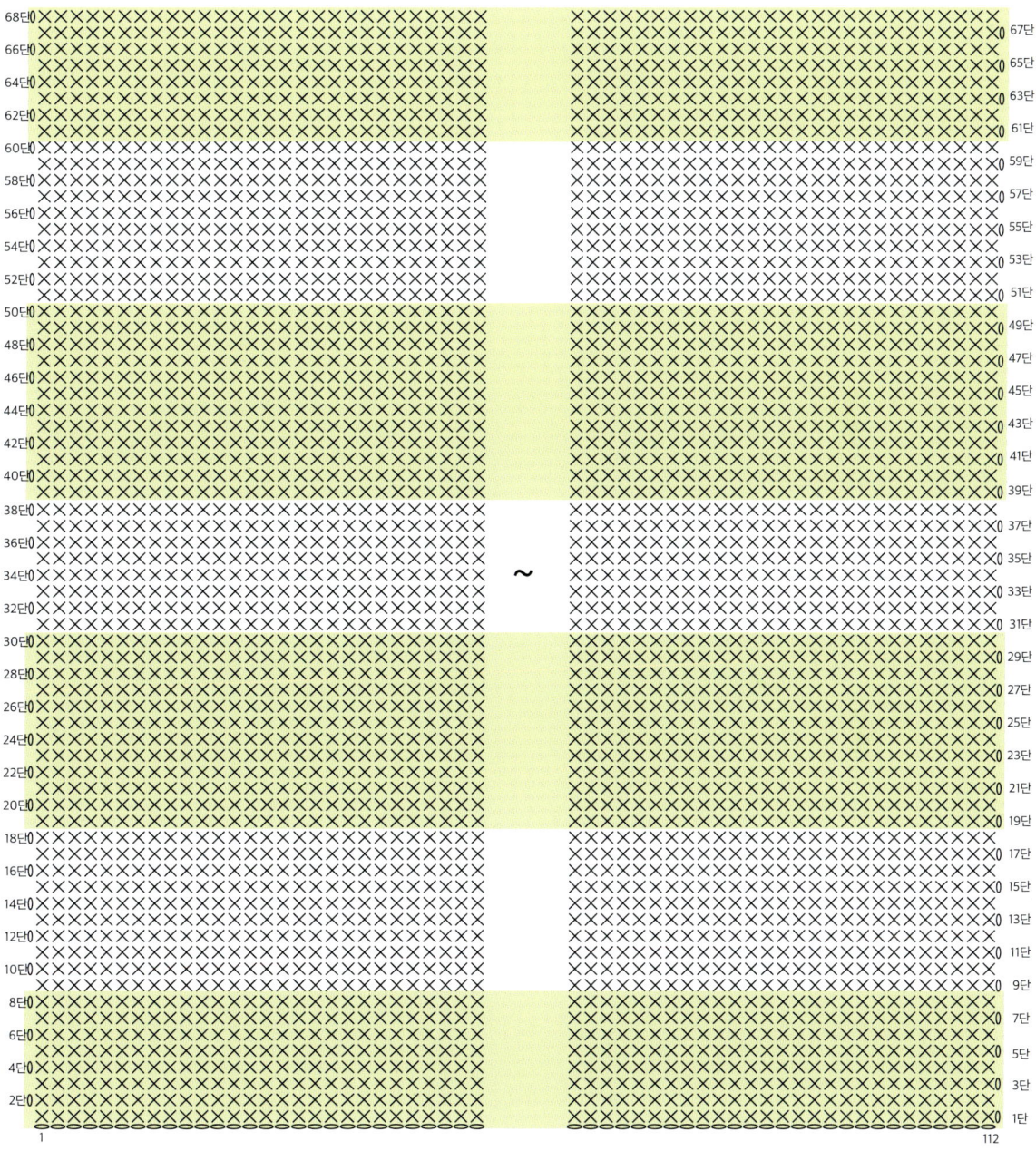

❷ 가방 옆면 (2장)

B색으로 뜨기를 시작한다.

1단: 사슬뜨기42, 두 번째 사슬코부터 짧은뜨기40, 마지막코에 늘여뜨기2, 반대쪽 사슬코
에 짧은뜨기40 (84코)

2단: 사슬뜨기, 짧은뜨기40, 늘여뜨기4, 짧은뜨기40 (88코)

3단: 사슬뜨기, 짧은뜨기40, (짧은뜨기, 늘여뜨기)×4, 짧은뜨기40 (92코)

4단: 사슬뜨기, 짧은뜨기40, (짧은뜨기2, 늘여뜨기)×4, 짧은뜨기40 (96코)

5단: 사슬뜨기, 짧은뜨기40, (짧은뜨기3, 늘여뜨기)×4, 짧은뜨기40 (100코)

6단: 사슬뜨기, 짧은뜨기40, (짧은뜨기4, 늘여뜨기)×4, 짧은뜨기40 (104코)

7단: 사슬뜨기, 짧은뜨기40, (짧은뜨기5, 늘여뜨기)×4, 짧은뜨기40 (108코)

8단: 사슬뜨기, 짧은뜨기40, (짧은뜨기6, 늘여뜨기)×4, 짧은뜨기40 (112코)

단수	코수
8단	112
7단	108
6단	104
5단	100
4단	96
3단	92
2단	88
1단	84

Zig zig Bucket Bag

13. 지그재그 버킷백

뜨개 기법	사슬뜨기, 짧은뜨기, 늘여뜨기, 빼뜨기
사용바늘	모사용 코바늘 6/0
뜨개실	코나 (65g) A색 2볼, 옆면 B색 2볼, 끈 C색 1볼
샘플 컬러	301백아이보리, 307멜란지진그레이
완성사이즈	가방 바닥 14cm, 가방 둘레 42cm, 끈 길이 100cm

만드는 방법 설명

가방은 바닥부터 뜨기를 시작합니다.

배색실을 2단부터 마지막 단까지 심지를 넣듯 숨기며 뜹니다.

38단에서만 사슬뜨기로 가방 조임끈을 만들어야 하므로 배색실을 숨기지 않고 뜹니다.

마지막 단은 빼뜨기로 마무리합니다.

이중 사슬뜨기로 100cm 끈을 만들어 구멍에 통과시키고 가방 안쪽으로 묶어서 완성합니다.

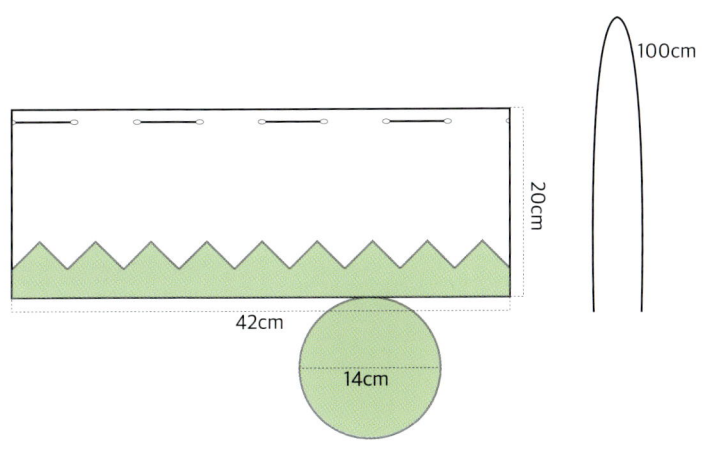

서술형 도안

❶ 가방 바닥 (A색)

2단부터 B색으로 심지를 넣듯 숨기며 뜬다.

1단: 매직링 만들기, 사슬뜨기, 짧은뜨기6, 빼뜨기 (6코)

2단: 사슬뜨기, 늘여뜨기6, 빼뜨기 (12코)

3단: 사슬뜨기, (짧은뜨기, 늘여뜨기)×6, 빼뜨기 (18코)

4단: 사슬뜨기, (짧은뜨기2, 늘여뜨기)×6, 빼뜨기 (24코)

5단: 사슬뜨기, (짧은뜨기3, 늘여뜨기)×6, 빼뜨기 (30코)

6단: 사슬뜨기, 짧은뜨기2, (늘여뜨기, 짧은뜨기4)×5, 늘여뜨기, 짧은뜨기2, 빼뜨기 (36코)

7단: 사슬뜨기, (짧은뜨기5, 늘여뜨기)×6, 빼뜨기 (42코)

8단: 사슬뜨기, 짧은뜨기3, (늘여뜨기, 짧은뜨기6)×5, 늘여뜨기, 짧은뜨기3, 빼뜨기 (48코)

9단: 사슬뜨기, (짧은뜨기7, 늘여뜨기)×6, 빼뜨기 (54코)

10단: 사슬뜨기, 짧은뜨기4, (늘여뜨기, 짧은뜨기8)×5, 늘여뜨기, 짧은뜨기4, 빼뜨기 (60코)

11단: 사슬뜨기, (짧은뜨기9, 늘여뜨기)×6, 빼뜨기 (66코)

12단: 사슬뜨기, 짧은뜨기5, (늘여뜨기, 짧은뜨기10)×5, 늘여뜨기, 짧은뜨기5, 빼뜨기 (72코)

기호 도안

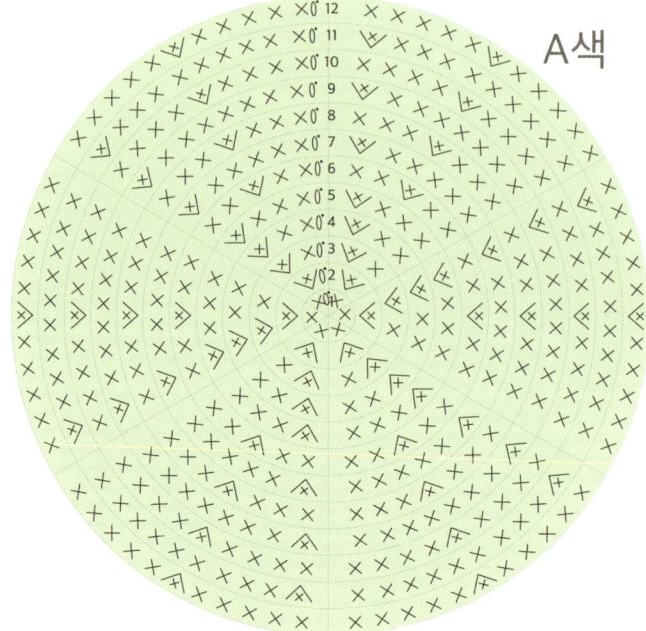

A색

단수	코수
12단	72
11단	66
10단	60
9단	54
8단	48
7단	42
6단	36
5단	30
4단	24
3단	18
2단	12
1단	6

❷ 가방 옆면 (A색, B색)

사슬뜨기로 가방끈의 구멍을 만들어야 하기 때문에 ★38단에서는 배색실을 숨기지 않고 뜬다.

13~17단: 사슬뜨기, 짧은뜨기72, 빼뜨기 (72코)

18단: 사슬뜨기, (**짧은뜨기7**, 짧은뜨기1)×9, 빼뜨기 (72코)

19단: 사슬뜨기, 짧은뜨기1, (**짧은뜨기5**, 짧은뜨기3)×8, **짧은뜨기5**, 짧은뜨기2, 빼뜨기 (72코)

20단: 사슬뜨기, 짧은뜨기2, (**짧은뜨기3**, 짧은뜨기5)×8, **짧은뜨기3**, 짧은뜨기3, 빼뜨기 (72코)

21단: 사슬뜨기, 짧은뜨기3, (**짧은뜨기1**, 짧은뜨기7)×8, **짧은뜨기1**, 짧은뜨기4, 빼뜨기 (72코)

22~37단: 사슬뜨기, 짧은뜨기72, 빼뜨기 (72코)

★38단: 사슬뜨기, (짧은뜨기7, 사슬뜨기2)×8, 빼뜨기 (72코)

39~40단: 사슬뜨기, 짧은뜨기72, 빼뜨기 (72코)

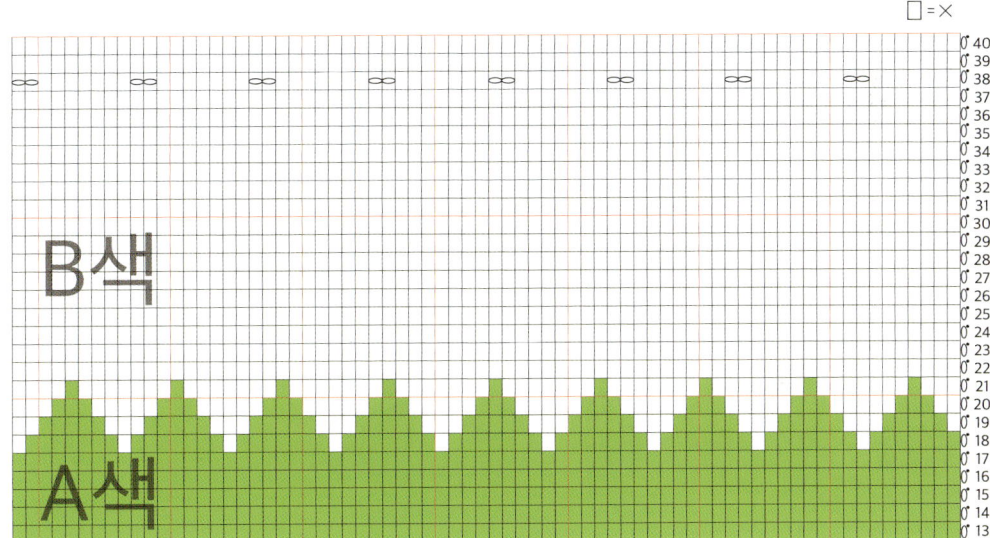

❸ 끈 만들기 (C색)

이중 사슬뜨기 만들기 (100cm)

5m 실을 앞쪽으로 풀어두고 사슬뜨기 기초코를 만든다.

풀어둔 실을 바늘 앞에서 뒤쪽으로 걸어서 바늘에 걸린 고리 2개를 모두 뜬다.

원하는 길이만큼 반복해서 뜬다.

38단 구멍에 통과시켜 실 끝은 가방 안쪽으로 오게 하고 묶어서 길이를 조절한다.

양쪽으로 끈을 짧게 빼면 버킷백으로 사용하고, 한쪽으로 길게 빼서 사용하면 숄더백으로 사용할 수 있다.

Epilogue

뜨개를 하면서 언젠가는 책을 꼭 내고 싶었습니다. 믿고 기회를 주신 시원북스와 양홍걸 대표님께 감사드린다고 말씀드리고 싶어요.

2013년 어느 날, 그냥 취미로 하던 뜨개를 일로 시작하게 해주신 브랜드얀 정광희 사장님, 니트위트 민정선 대표님께도 오랜 시간 인연으로 함께할수 있어 감사한 마음을 전합니다.

2018년 첫 시작부터 수업을 함께해준 목요반의 든든한 지원군들 왕언니 경숙 언니, 내 친구 혜정, 재벌친구 정아 씨, 든든한 신화 씨, 야무진 은영 씨, 다시 만난 선희 씨 끝까지 함께해요~!! 사랑합니다.

어려운 부탁인데도 기꺼이 모델로 함께 해준 이주현 언니도 너무 감사합니다.

책을 내는 모든 순간 힘들어할 때마다 용기를 주고 도와준 소중한 나의 문은희 언니에게도 감사하고 사랑한다는 마음을 전합니다.

언제나 한결같이 응원해준 남편 김동규 씨, 1호 김한빈, 2호 김가율 하늘땅만큼 사랑합니다.

포항에 계신 부모님 신창환 사장님, 최덕분 여사님, 바쁘다는 핑계로 많은 시간 함께하지 못 해서 늘 죄송하고 사랑합니다.

많이 부족한 저를 믿고 묵묵히 지켜봐주시는 김광윤 아버님, 김경숙 어머님께도 감사합니다.

우리 가족 모두 오래오래 건강하게 옆에 있어주세요.

지금의 저를 있게 해준 저와 함께한 뜨개 동지들께도 감사한 마음을 전합니다.

모두 매일매일 행복하고 언제나 '즐뜨' 하길 바라요.

뜨개로 함께한 모든 분들이 저에겐 추억이고 역사입니다.

이 책을 만드는 데 도움을 준 수강생 여러분께도 감사드립니다.

이은영, 최민지, 전의영, 우영분, 장은영, 양선화, 정인애, 김민정, 이임한, 안해연, 조진희, 박주연, 김진아, 오지원, 김윤희, 곽지영, 김윤희, 조소연, 우상화, 김주현, 양유정, 전은미, 김은정, 김연지, 고영숙, 송다혜, 김혜인, 박정연, 서정아, 김수진, 권주현, 조혜진, 한인순, 허진주, 정미정, 이경화, 유보애, 한송이, 박숙현, 김가윤, 이선화, 한루리, 안미현, 김지은, 허수정, 김선영, 김선희, 정수민, 김가연, 이헌진, 임선, 윤은정, 박경희, 오선아, 신현경, 류상희, 송유진, 오시현, 범희영, 유지나, 이재숙, 이윤경, 박종민, 권경희, 유진미, 김정희, 유현진, 최혜진, 박미리, 지은주, 변한나, 최명숙, 강지영, 김용선, 김우빈, 변하나 김신화, 장경숙, 최우영, 정태실, 정선희, 김환진, 강영주, 지은희, 이지혜, 배해영, 김연주, 박은영, 김영경, 장혜영, 이정화, 박현주, 최보운, 배은화, 김단아, 정희연, 박윤진, 고현정, 이영은, 황경선, 조남희, 박희연, 최고니, 구소연, 최수란, 박나리, 김인영, 손미희, 김가영, 김은미, 안현자, 박은정, 정영미, 남지연, 윤혜림, 권선화, 정윤경, 이민희, 홍여진, 박소연, 황연경, 박형미, 유민정, 이복임, 장명숙, 허고운, 정미나, 이일희, 김희숙, 성지선, 김자영, 이미숙, 신숙희, 엄선영, 반경애, 조윤서, 박현주, 황보영, 함상희, 임찬영, 권세빈, 박지현, 이성숙, 승은경, 김은주, 이은영, 정다영, 사인숙, 강은해, 박주일, 김남희, 김은혜, 황효성, 김아름, 장하경, 최정희, 최보운, 차미진, 최목화, 김정민, 송정선, 문은희, 고혜정, 정수현, 정태현, 이은경, 방미선, 박서영, 이영희, 장현선, 김주실, 오현정, 이명혜, 박선영, 최윤희, 서주연, 신승희, 정소영, 김민정, 김은경, 이연숙, 김유리, 박선애, 백은정, 김화숙, 황혜정, 노세현, 유지혜, 손미경, 고영순, 원혜경, 진성진, 이지선, 황유경, 임한나, 이지은, 최순정, 박진미, 김은경, 한지연, 한규옥, 이주현, 김귀희, 최은수, 김재영, 송연빈, 유한올, 손애숙, 이소연, 이범윤, 전지영, 김정아, 김명원, 남경숙, 김기연, 김지영, 이진희, 이아림, 김지현, 윤지명, 안주희, 이소현, 김성애, 윤예지, 김성은, 배소현, 홍순미, 도혜경, 김지영, 정은진, 안정순, 김영주, 임혜정, 윤아라, 조예진, 최영순, 조냇물, 정혜화, 박미정, 정서빈, 이소현, 원혜경, 이진희, 김경지, 김민정, 유희연, 유해나, 김현주, 이영민, 조향숙, 박혜진, 김미경, 길선영, 박현주, 윤세희, 남윤정, 조형휘, 이주희, 정민희, 하수정, 최성이, 박이영, 정주연, 박예지, 강주희, 김경필, 최은정, 김은경, 김귀희, 김재영, 손애숙, 이소연, 이주현, 채성은, 김햇빛, 김효지, 조미현, 임근혜, 최아름, 이창미, 이규희, 김수정, 정가람, 최윤진, 오수미, 유미나, 조미현, 김현정, 김혜정 ,김보경, 김명희, 김수옥, 김송이, 한정규, 신화정, 양이슬 (2018년~2024년 3월)

Knittingssem X Brandyarn

니팅쌤 도서 속 작품에 사용한 제품구매는 브랜드얀

Knittingssem X Knitwit

함께하는 공간, 니팅쌤 도서 클래스 문의는 니트위트

5일 완성 니팅쌤 코바늘

초판 1쇄 발행 2024년 3월 28일

지은이 니팅쌤 신은영
펴낸곳 ㈜에스제이더블유인터내셔널
펴낸이 양홍걸 이시원

블로그·인스타·페이스북 siwonbooks
주소 서울시 영등포구 영신로 166 시원스쿨
구입 문의 02)2014-8151
고객센터 02)6409-0878

ISBN 979-11-6150-826-9 13630

시원북스는 ㈜에스제이더블유인터내셔널의 단행본 브랜드
입니다.

독자 여러분의 투고를 기다립니다.
책에 관한 아이디어나 투고를 보내주세요.
siwonbooks@siwonschool.com